数独游戏大全

从入门到精通

邢声远◎主编

中国纺织出版社
国家一级出版社
全国百佳图书出版单位

目录

第二部分

数独游戏规则、解题方法与谜题（续）

十七

九字（9×9）三角形数独

（NO.1191~NO.1210）

九字三角形数独的规则和解题方法

三角形数独的特点是格子不是正方形，而是三角形的。这种数独的外形也不是正方形，而是呈多种花样形，很美观。这种数独也有宫，但宫的数量通常不是 9 个，而是以 6 个居多。但它也有行和列，其行虽是呈水平方向，但列不是呈垂直方向，而是呈倾斜方向。这种三角形数独，还有一个与其他数独不同的地方，就是它的行和列有时并非是连续的，而是断开的。

解三角形数独的规则与正方形标准数独相同，但在具体识别行、列、宫时，需要特别注意，切勿墨守成规。

通常可将三角形数独分为风车形数独和雪花形数独两类。

风车形数独

该数独的外形类似于小儿玩具风车，故名。它有 6 个叶片（6 个大三角形），而每个叶片又是由 9 个相等的等边三角形组成（即宫）。6 个叶片相互连接，而其中的小三角形则连成行、列（如图 17–1 所示）。

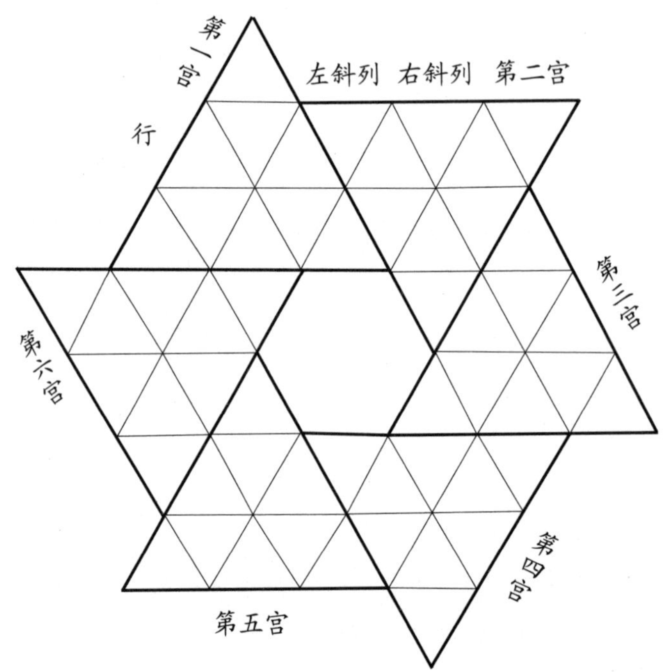

图 17–1　风车形数独的外形与结构

在此需要说明的是，它的第一行是1个小三角形，第二行是8个小三角形，为了计算方便，常把第一行的与第二行合并为一行，第七与第八行合并为一行；斜列也是如此。同时还需说明的是，中间两行、两列由于中间是空的，9个格式断开的，计算时应视作是连续的。总之，它有6行、6左斜列、6右斜列。

1. 风车形数独的规则

（1）每行9个小三角形中的数字，1～9不重复；

（2）每列9个小三角形中的数字，1～9不重复；

（3）每宫9个小三角形中的数字，1～9不重复。

2. 解题方法

解题方法与（十一）九字（9×9）常规数独方法一样，只要按数独规则推理就能顺利地获得成功。

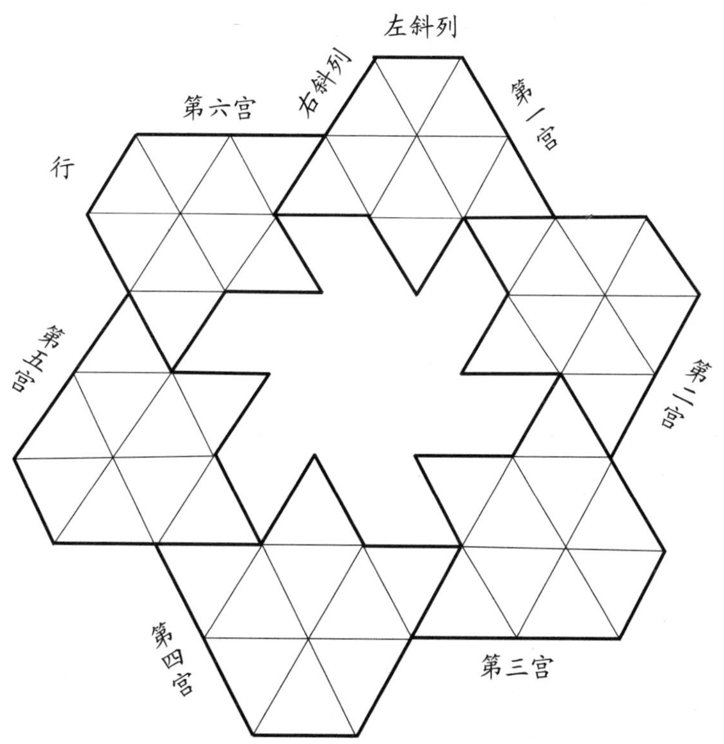

图 17-2 雪花形数独的外形与结构

雪花形数独

雪花数独的外形酷似一朵美丽的雪花，如图 17–2 所示。它有 6 个花瓣，即 6 个宫，每个宫由 9 个等边小三角形组成。雪花形数独与风车形数独有一个相似之处，就是它们的三角形也组成水平的行、左斜的列和右斜的列。不同的是第一行、第一列、第八行、第八列都只有 3 个格（小三角形）。而中间的两个行、列都是断开的，只有 6 个格（小三角形）。此外，第三行、第三列、第六行、第六列 9 个格也是断开的，均可视其是同行、同列。要求第二、三、六、七行和第二、三、六、七列的 9 个小三角形中的数字，1 ~ 9 不重复。而第一、四、五、八行和第一、四、五、八列例外，只要求它们各填上 1 ~ 9 中的 3 个数或 6 个数即可，但这 3 个数和 6 个数不相同即可。

1. 雪花形数独的规则

（1）每行 9 个小三角形中的数字，1 ~ 9 不重复；

（2）每列 9 个小三角形中的数字，1 ~ 9 不重复；

（3）每宫 9 个小三角形中的数字，1 ~ 9 不重复。

2. 解题方法

与风车形数独相似。

NO.1191

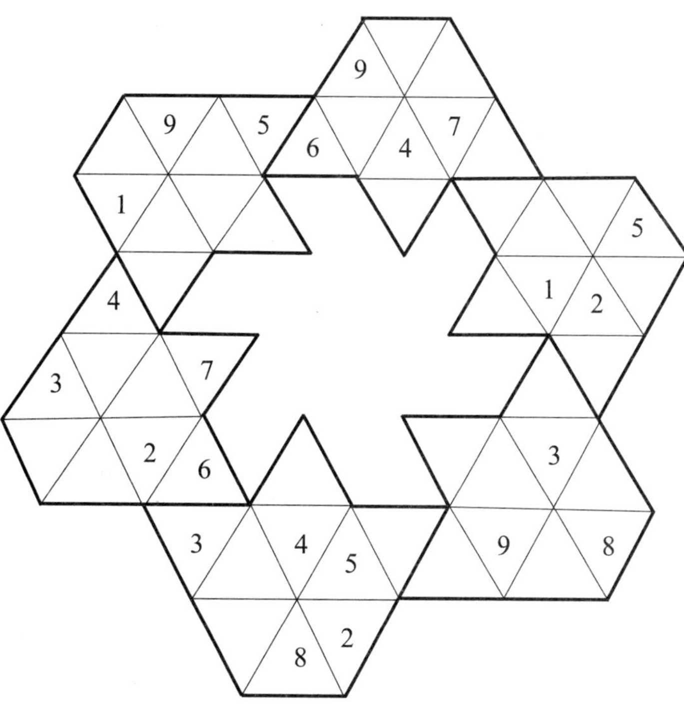

NO.1192

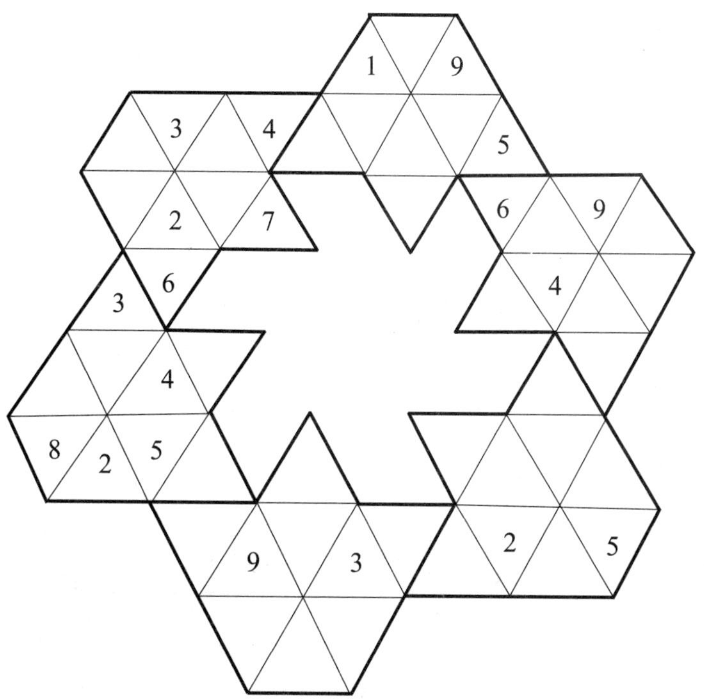

NO. 1193

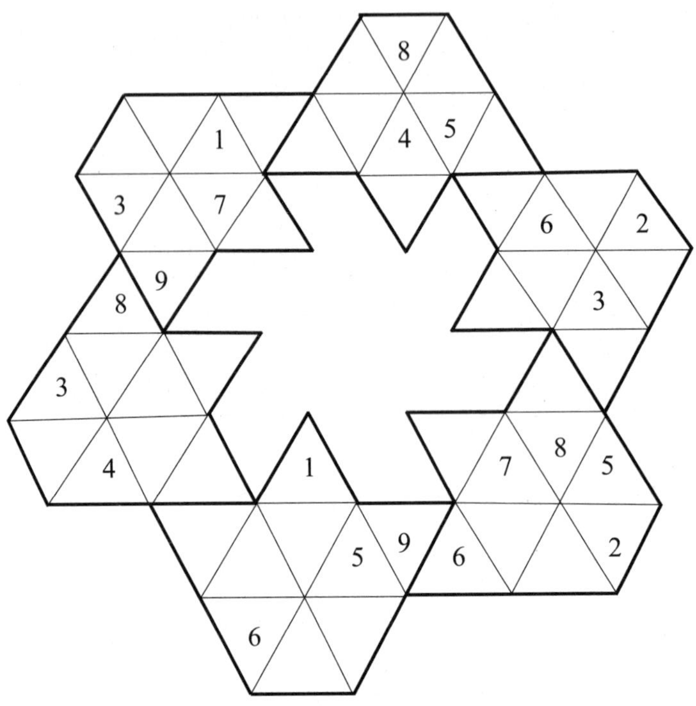

NO. 1194

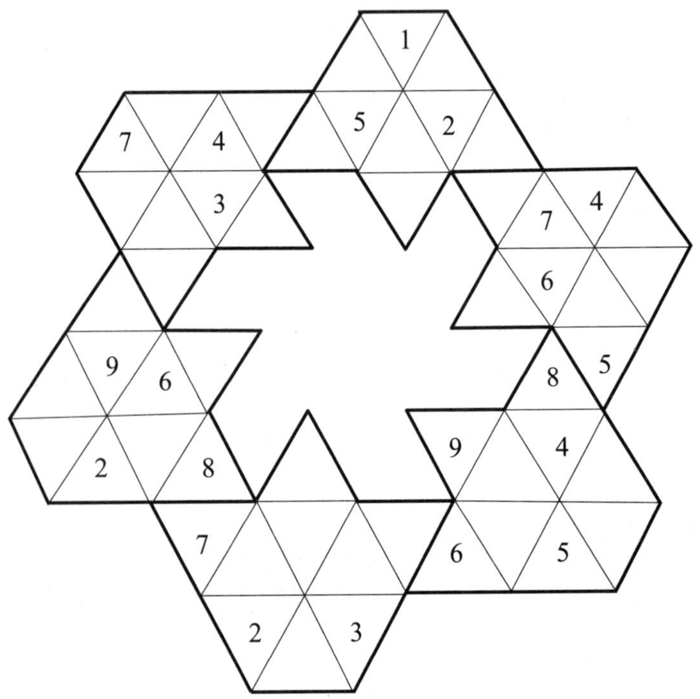

NO. 1195

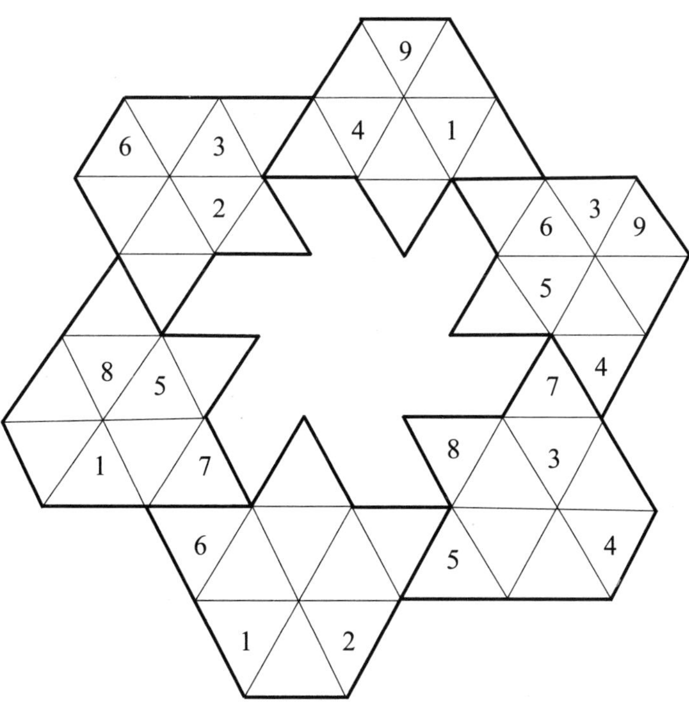

NO. 1196

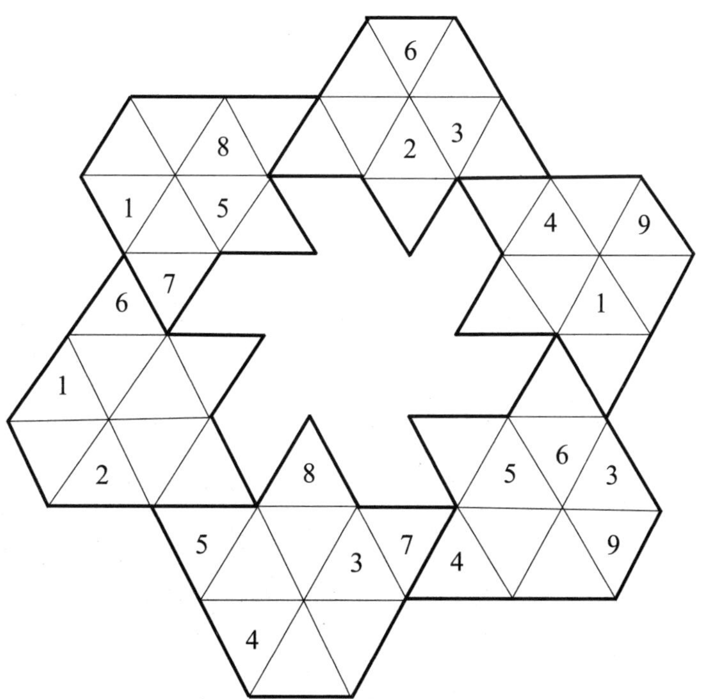

NO.1197

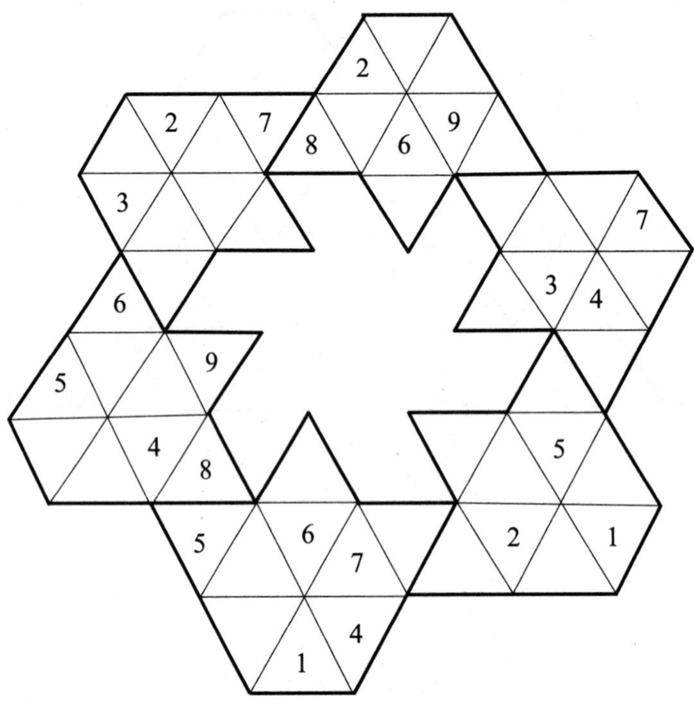

NO.1198

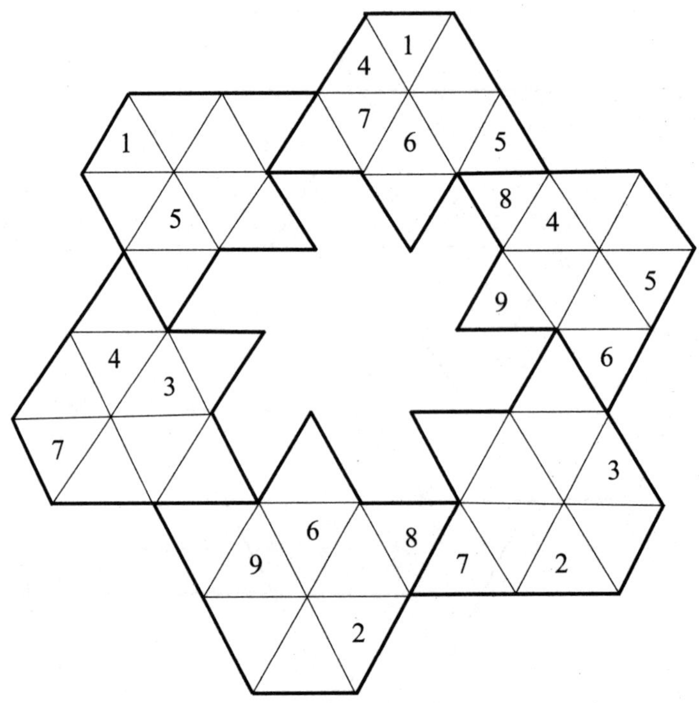

NO. 1199

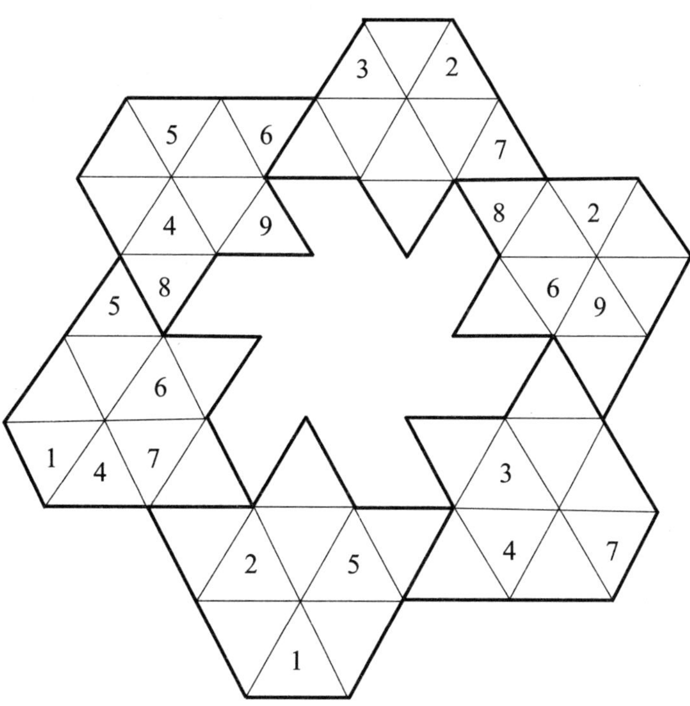

NO. 1200

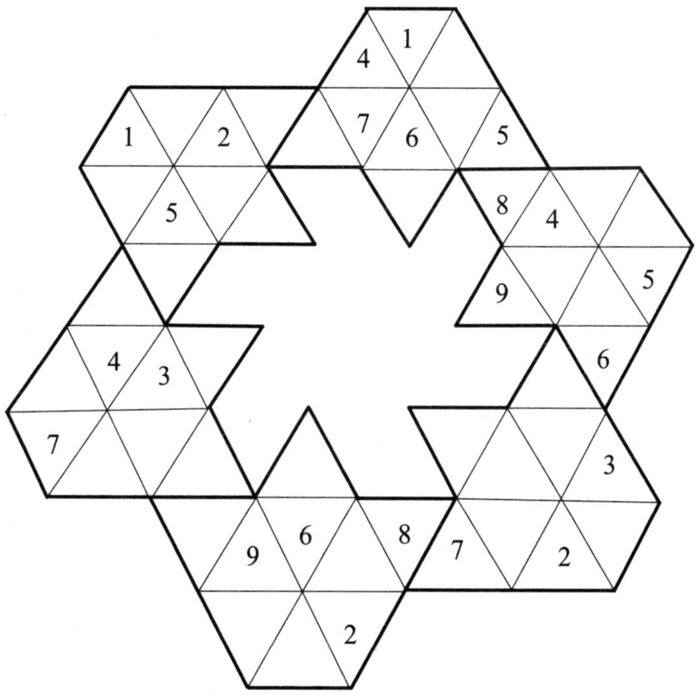

NO. 1201

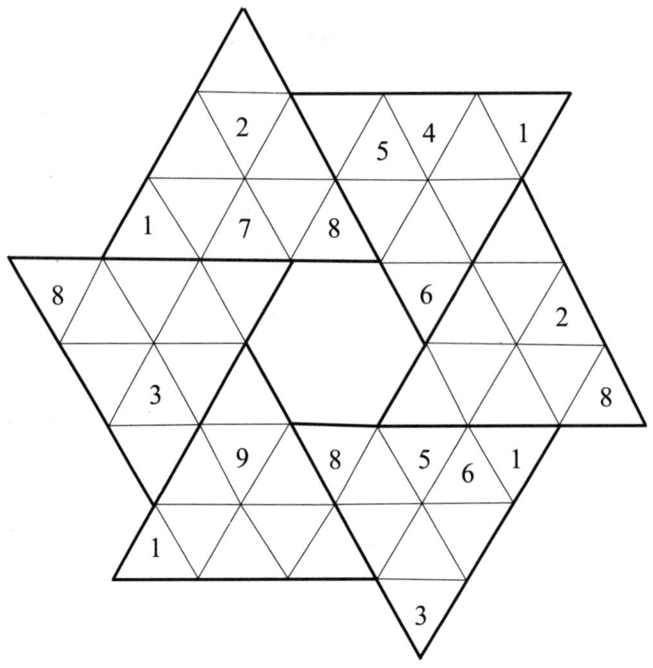

NO. 1202

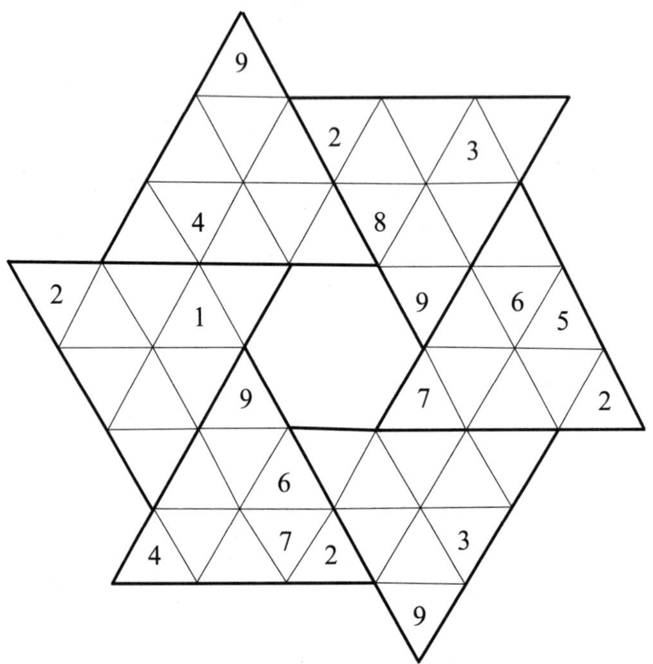

NO. 1203

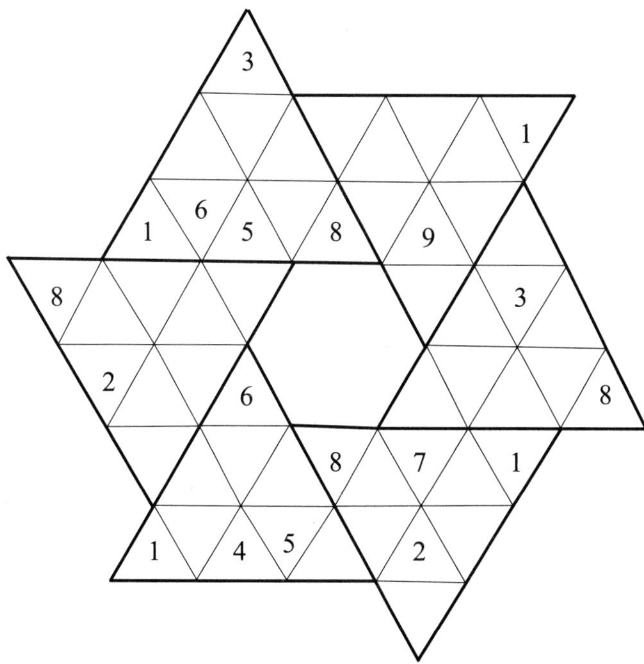

NO. 1204

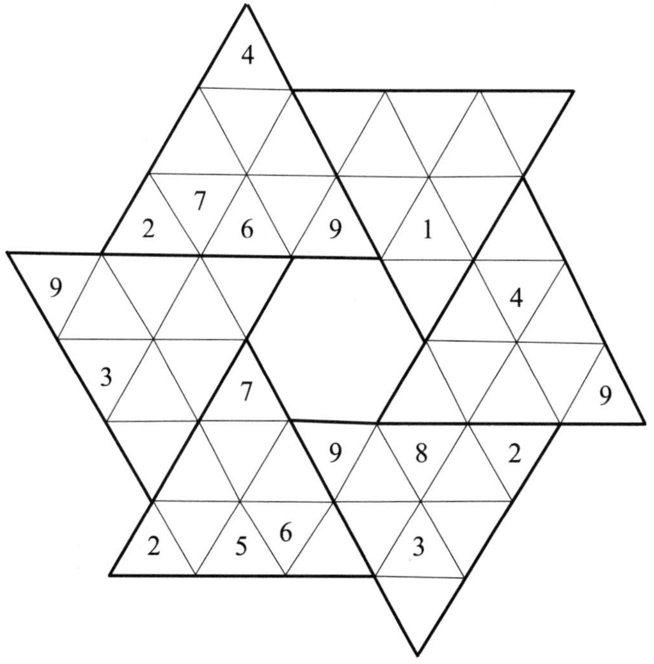

NO.1205

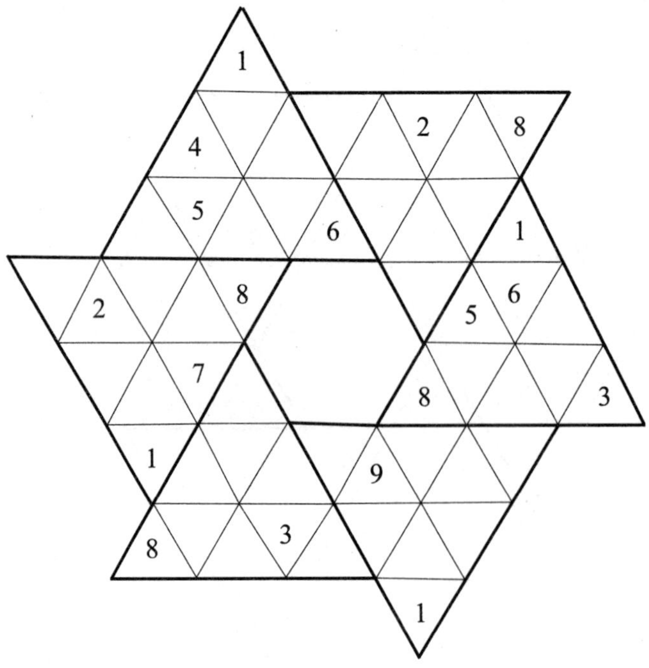

NO.1206

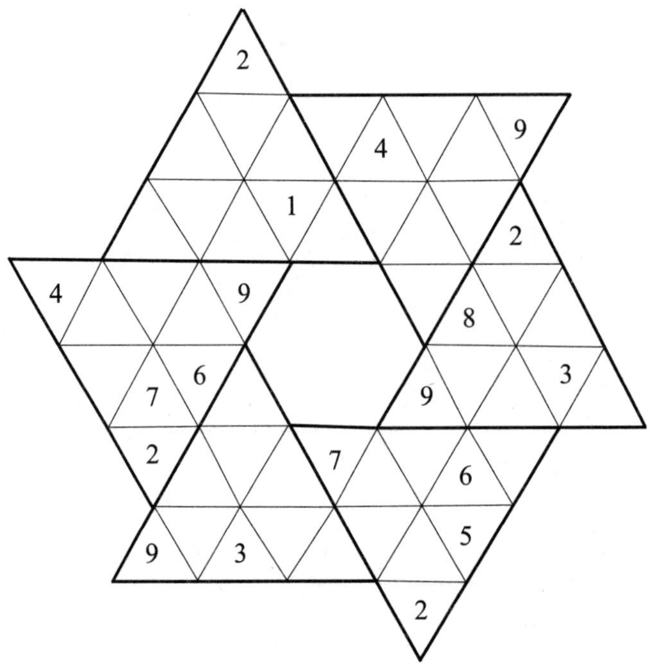

NO. 1207

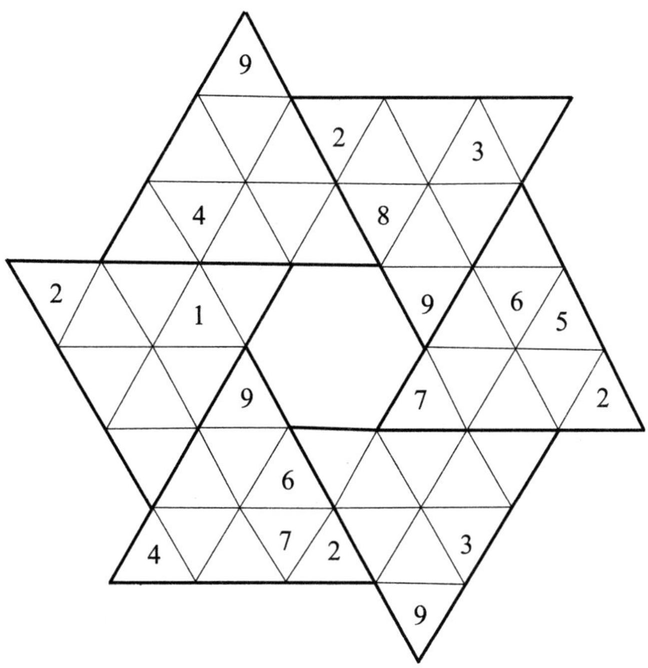

NO. 1208

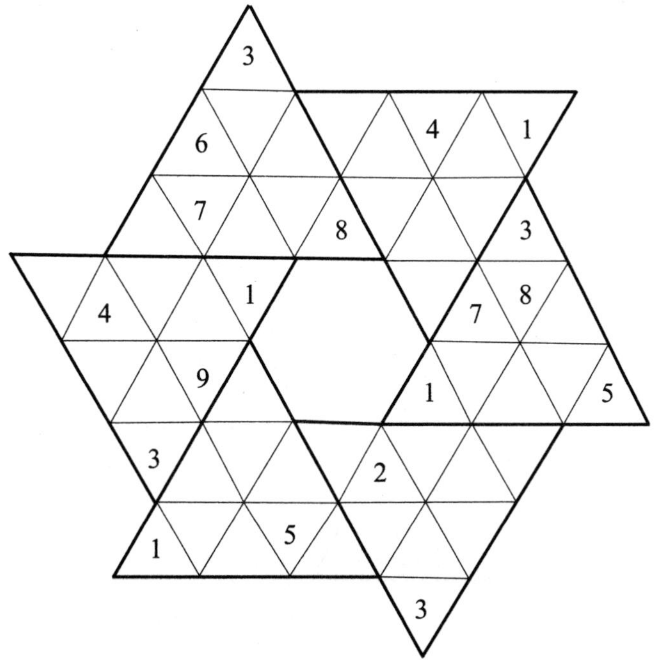

NO. 1209

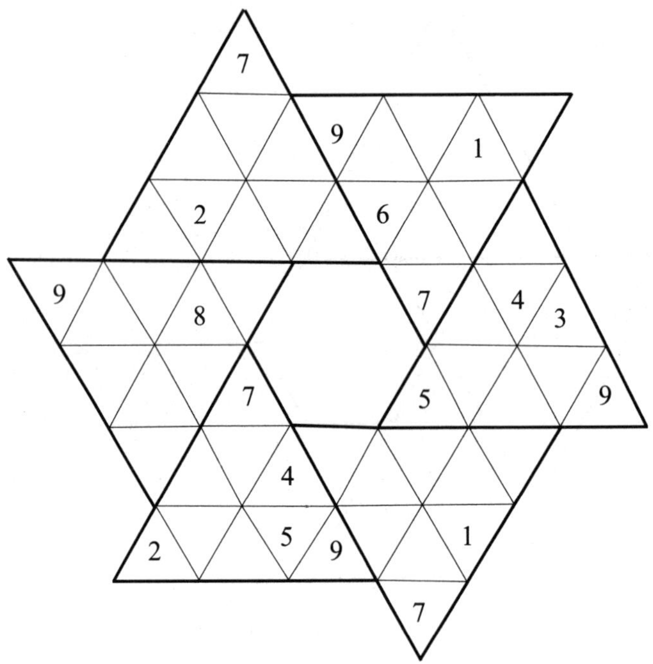

NO. 1210

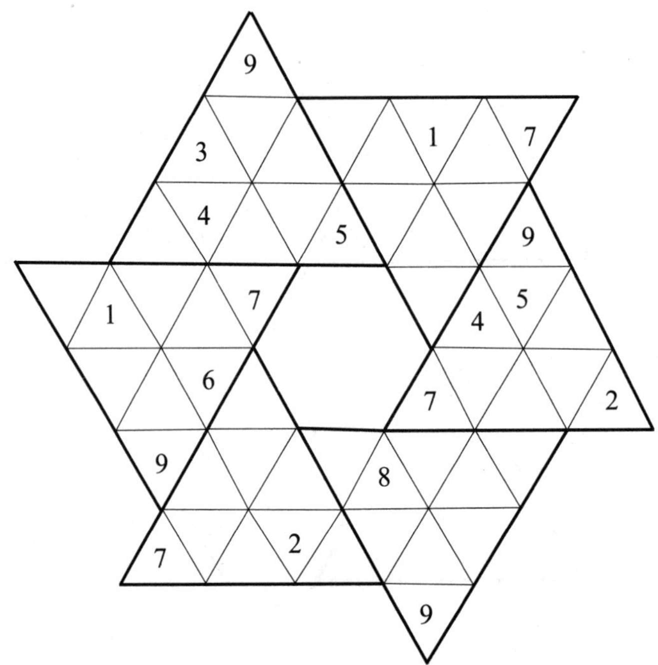

十八

八字（8×8）及九字（9×9）圆环形数独

（NO.1211~NO.1230）

八字及九字圆环形数独的规则和解题方法

圆环形数独又称为靶子数独。它可分为两种，一种是由 4 个圆环组成，分成 8 等份（扇形），每一等份有 4 个小块，每两个相邻近的等份上就包含了从 1 到 8 的所有数字，每个圆环同样包含从 1 到 8 的所有数字（如图 18–1 所示）。另一种是由 5 个圆环组成，分成 10 等份（扇形），每一等份有 5 个小块，每两个相邻近的等份上就包含了从 0 到 9 的所有数字，每个圆环同样包含从 0 到 9 的所有数字（如图 18–2 所示）。

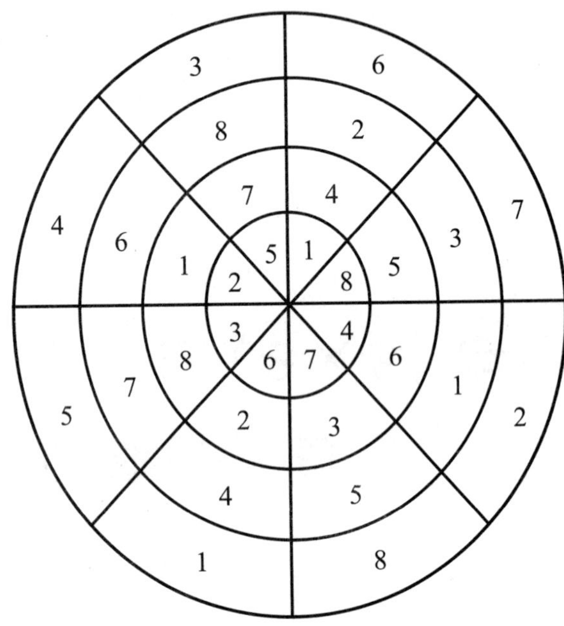

图 18-1　八字圆环形数独

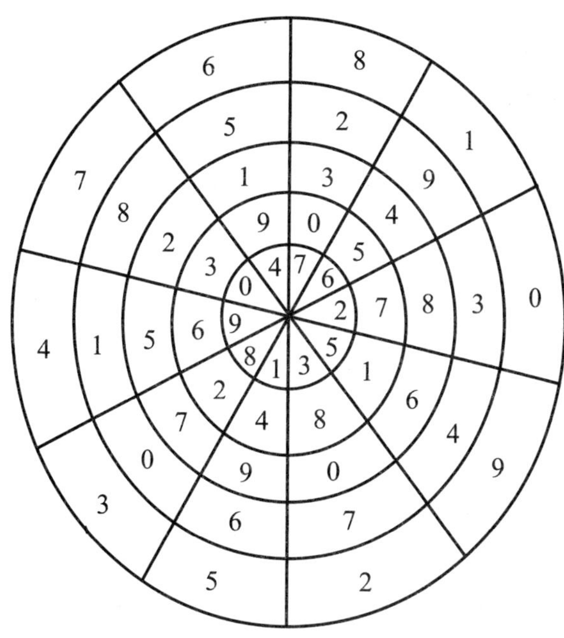

图 18-2 九字圆环形数独

在此必须指出，在八字及九字圆环形数独中，每隔一块（扇形）包含着同样的数字，但是并不按照同样的顺序，因为每个数字都必须出现在每个环里。

1. 八字及九字圆环形数独的规则

（1）每两个相邻近扇形格子中的数字，八字圆环形数独 1 ~ 8 不重复；九字圆环形数独 0 ~ 9 不重复；

（2）在八字圆环形 4 个圆环的 8 个格子中的数字，1 ~ 8 不重复；在九字圆环形 5 个圆环的 10 个格子中的数字，0 ~ 9 不重复。

2. 解题方法

以图 18-3 为例来说明解题的过程，第四宫中的 3^1 是由第二宫中的 3 的位置所确定的，然后是选填 4^2、5^3、1^4，然后是第二宫中的 8^5、1^6 和 2^7，采用同样的推理方法可得到满意的答案。

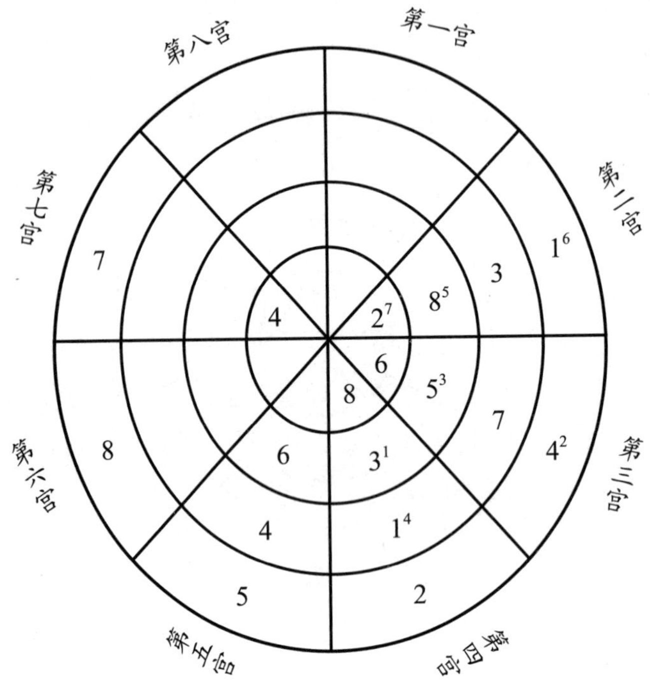

图 18-3　八字圆环形解题方法

NO.1211

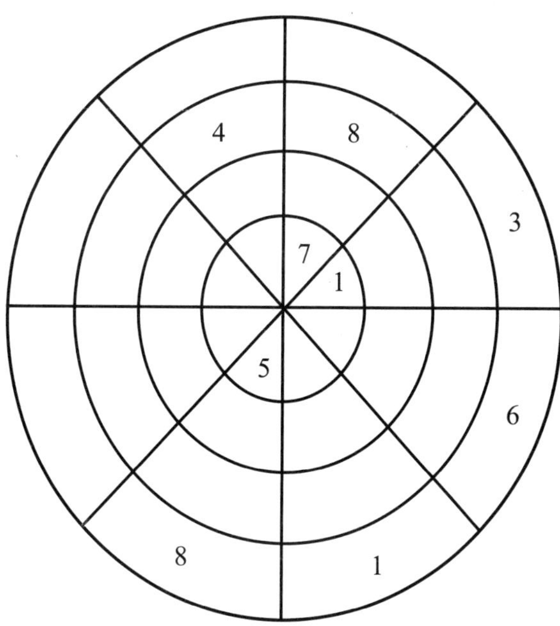

NO.1212

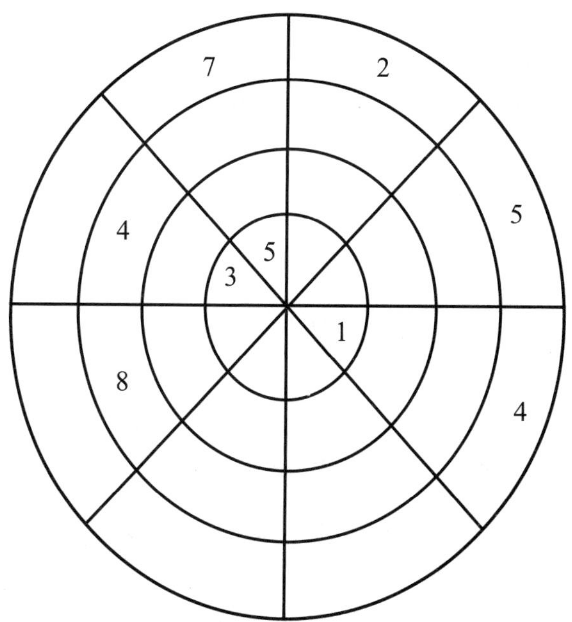

NO. 1213

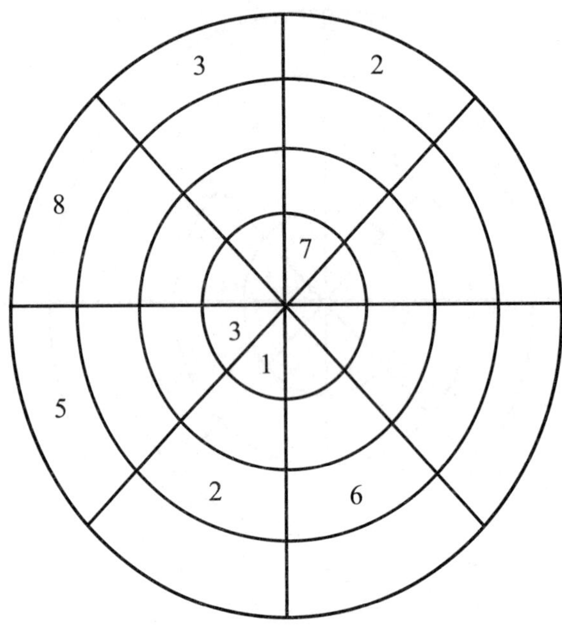

NO. 1214

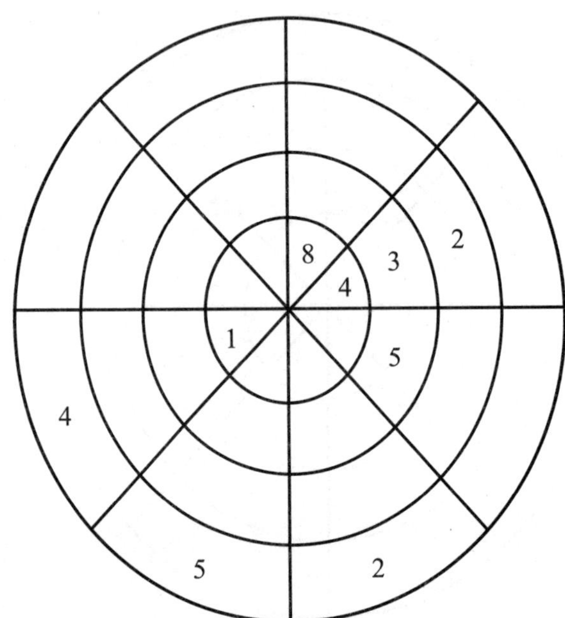

NO. 1215

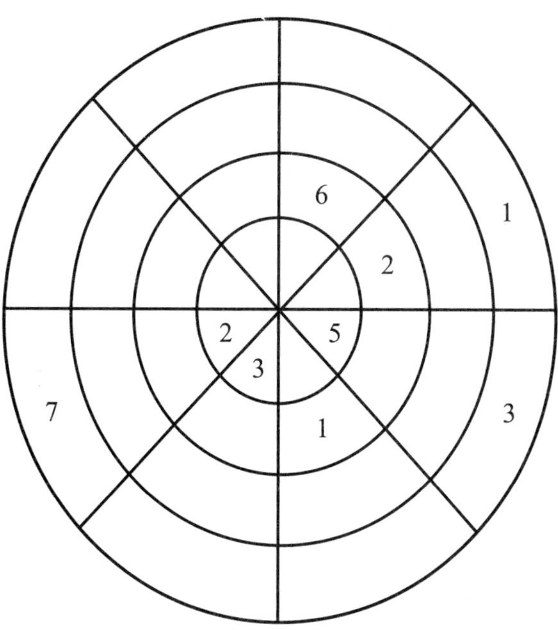

NO. 1216

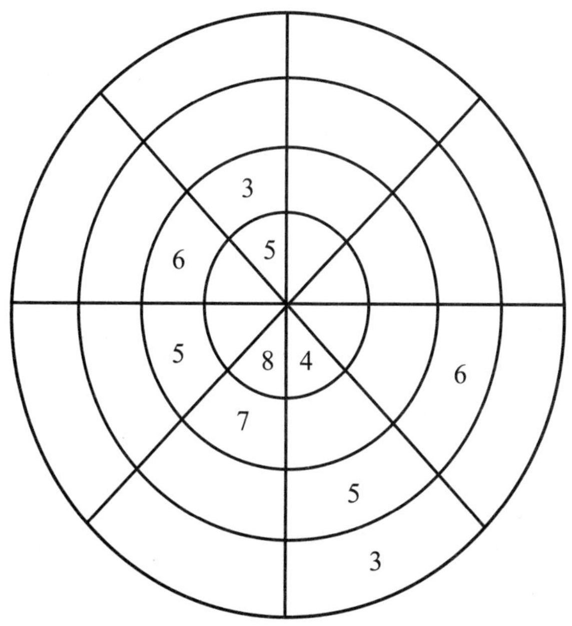

NO.1217

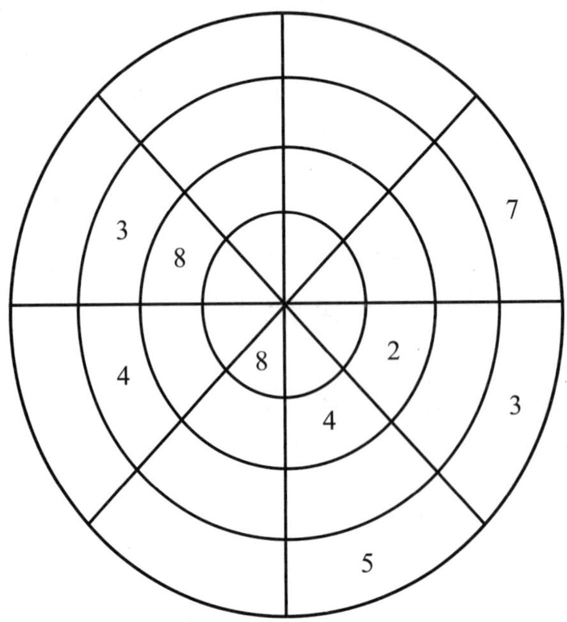

NO.1218

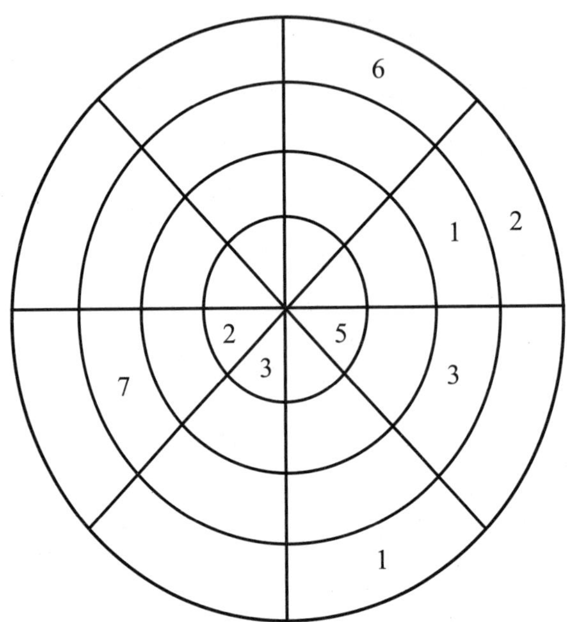

NO. 1219

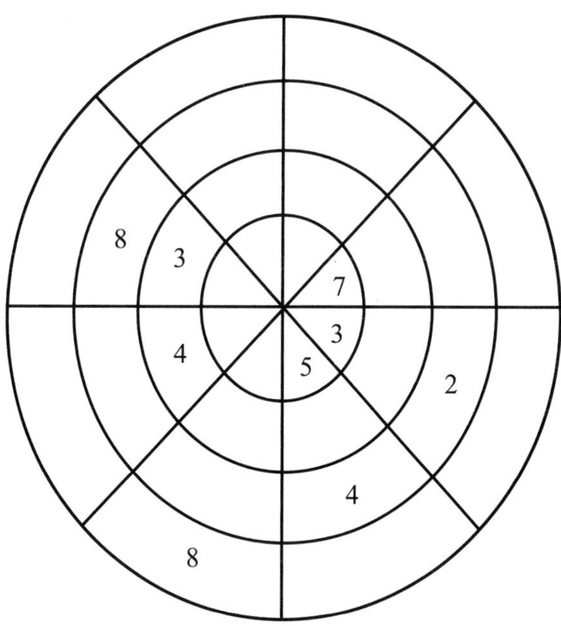

NO. 1220

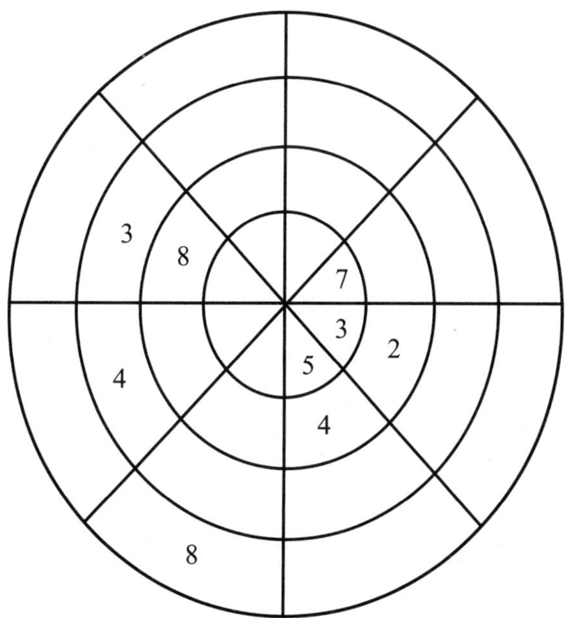

NO. 1221

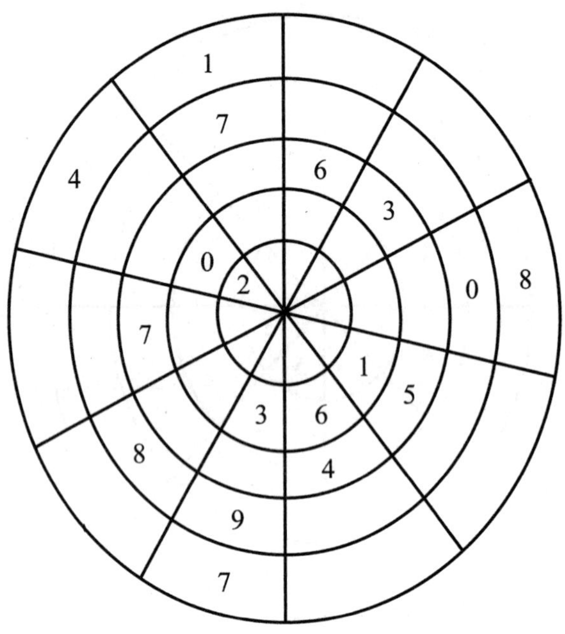

NO. 1222

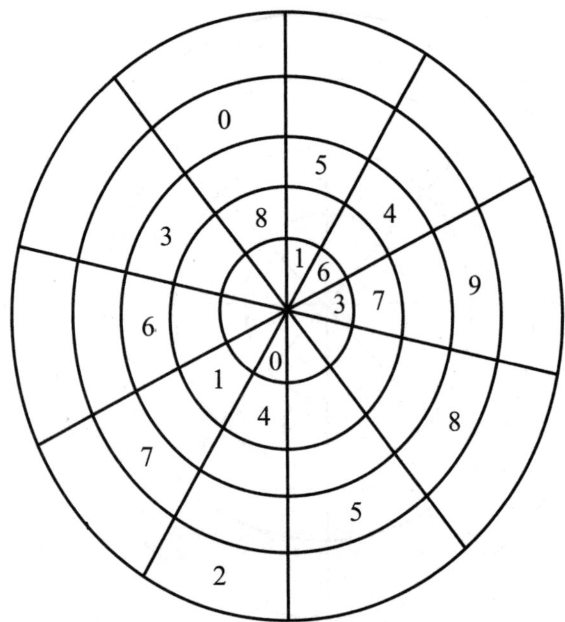

NO. 1223

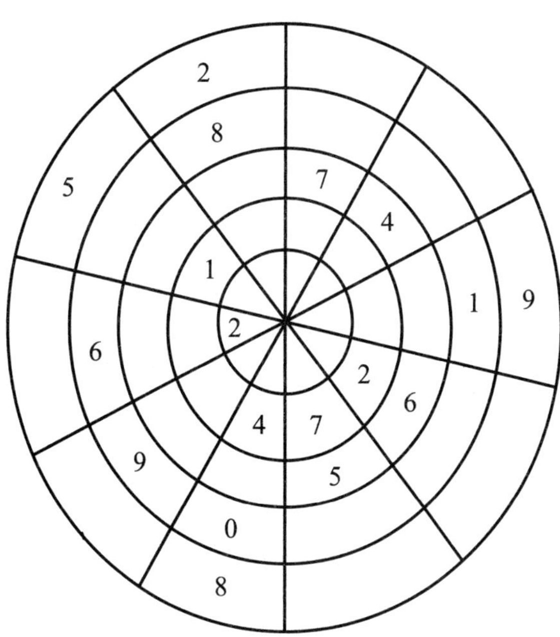

NO. 1224

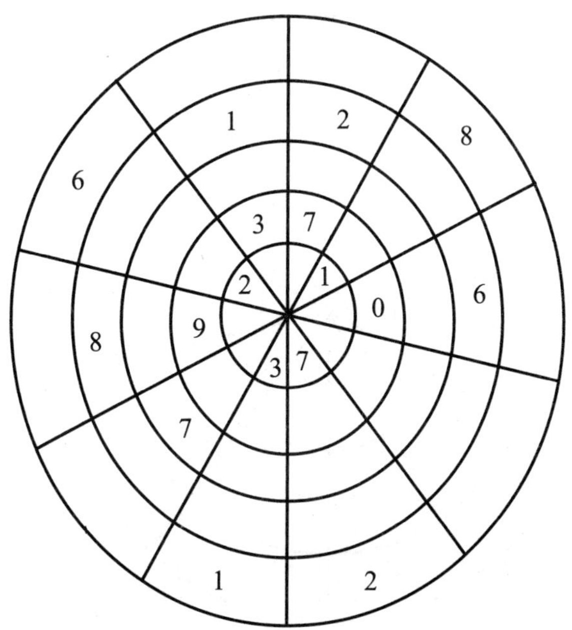

NO. 1225

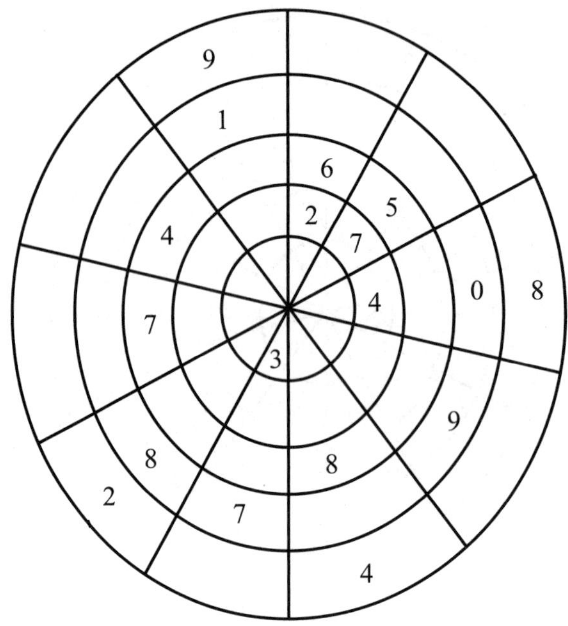

NO. 1226

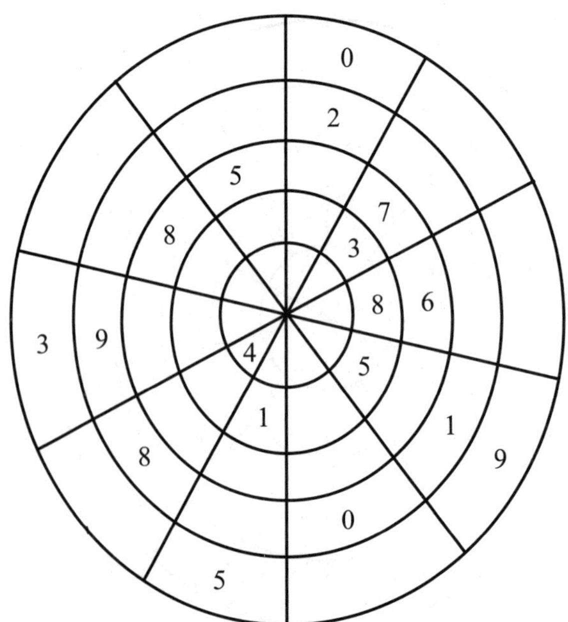

NO. 1227

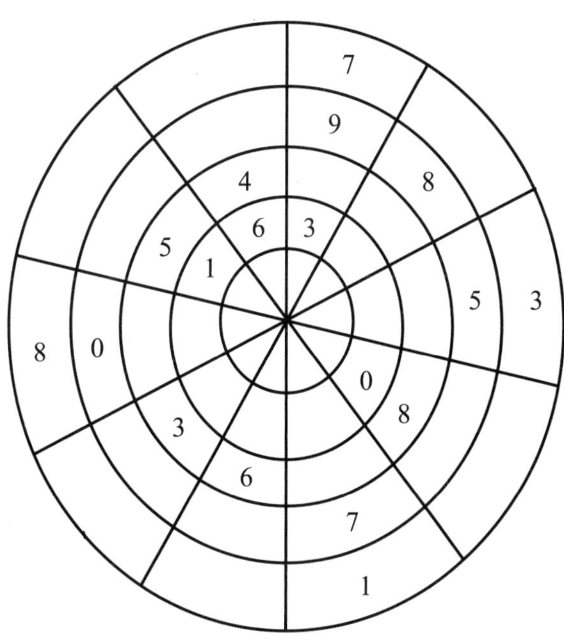

NO. 1228

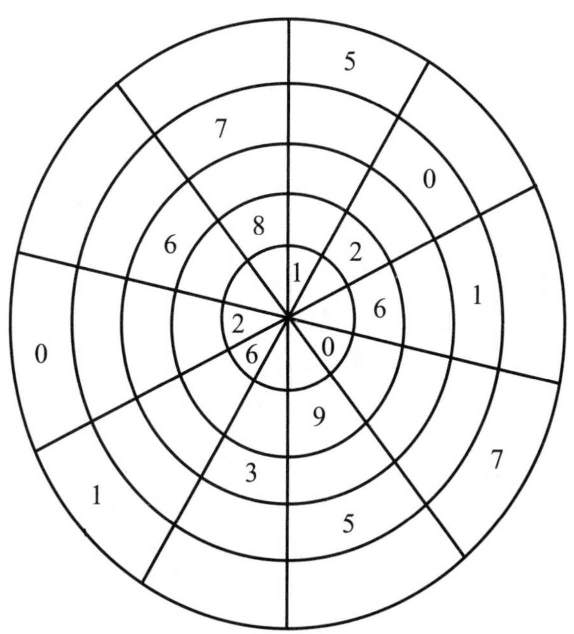

NO. 1229

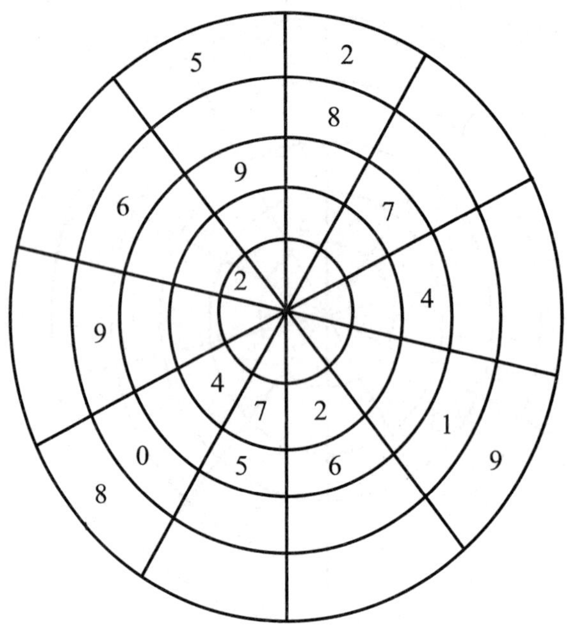

NO. 1230

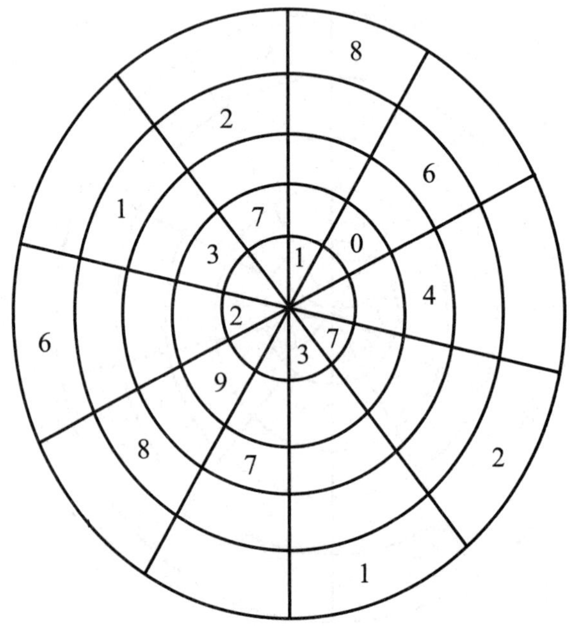

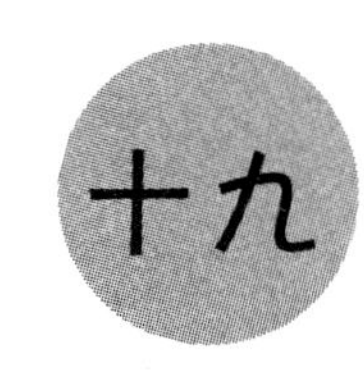

九字（9×9）连体数独

（NO.1231~NO.1345）

九字（9×9）连体数独的规则和解题方法

1. 连体数独的规则

连体数独是由两个（9×9）数独连成一体组成（见图 19-1），即将数独 A 的下右九宫格与数独 B 的上左九宫格重叠在一起而成；或是将数独 A 的中中、中右、下中、下右九宫格与数独 B 的上左、上中、中左、中中九宫格重叠在一起而成。就数独 A 与数独 B 而言，仍具有每行、每列和每个九宫格中的数字 1 ~ 9 不重复，两条对角线及四条折断对角线小方格中的数字 1 ~ 9 不重复的性质。

2. 解题方法

与折断对角线数独的解题方法相同，但在解题过程中宜先解数独 A 后解数独 B。

3	6	9	8	2	7	4	5	1						
1	4	5	9	3	6	7	8	2						
2	7	8	5	1	4	6	9	3						
5	8	2	1	4	3	9	7	6						
6	9	7	2	5	8	3	1	4						
4	3	1	7	6	9	8	2	5						
7	1	4	6	9	5	2	3	8	9	5	6	4	7	1
8	2	3	4	7	1	5	6	9	7	1	4	3	8	2
9	5	6	3	8	2	1	4	7	8	2	3	6	9	5
						7	9	4	1	8	2	5	6	3
						8	2	1	6	3	5	9	4	7
						3	5	6	4	7	9	2	1	8
						6	1	5	3	4	7	8	2	9
						4	7	3	2	9	8	1	5	6
						9	8	2	5	6	1	7	3	4

数独 A

数独 B

图 19-1　连体数独

NO. 1231

9							2	1
		5		7				
		3		5				
	5							
					6			7
6			3			9		
	4				5	8		9
			9					
		8		6			3	

8		9						6
			9			3		
	3							8
		1		5				
7						1	6	
					9			
	6			9				2
		3	5				4	
	8					6		

“王”字数独

“王”字数独

NO. 1232

		3					8	9
6				3				
		7			1	3		
	5						4	
					4			
4			7			1		5
	6					2		
			1					
5				4			7	

2					7			
			1			7		
	7							2
		9	4					
3						9	4	
				9				
	4			1				8
		7	5				6	
	2				6			9

“王”字数独

“王”字数独

NO.1233

		9		3		1	2	
				7				
3								
	5					3		
			6	4				
					3			9
	4		5					8
1		7			9			
				6			3	

“王”字数独

		8				6		
					9			
	3					8		
1			7					
		7					6	1
6					8			
	6			9		2		
3					5			
	8					1		6

“王”字数独

NO.1234

						9	8	
5	4			3				
			1					3
	5							6
1		2		6		3		
					7			1
	6							2
					1			
	1	5		4			7	

“王”字数独

		2						5
					1			
	7		5			2		
9				5				
		3					4	9
4			1					
	4			1		8		
7					5			
	2				7			4

“王”字数独

NO. 1235

		9				2	1							
	5		7											
		2						7						
5							3							
				6										
7					3			9						
4								8					6	
					9						9			
	8		6	7		3			6				8	
							1			7				
								7				6		1
											8			
						6			9				2	
							3				5			
						8			2					6

“王”字数独

“王”字数独

NO. 1236

	3					8	9							
			3				2							
9		8			2									
5								6						
	1			4		9								
					7			1						
6								2	6					5
		3			1						1			
			4			7							2	
							9			3				1
								3				4		9
										1				
						4			1				8	
							7				5		1	
						2								

“王”字数独

“王”字数独

NO. 1237

	3				9									
	2				8									
			5			4								
4					6									
	8			3				9						
		7					6							
1			3						1					3
				9		8					7			
2				8			3					6	8	
						3				9				
								9						5
										1		9		
							8					2		
											1		6	
						1		2			6			4

“王”字数独

“王”字数独

NO. 1238

	7				1	4		9						
1		6												
			5			6								
6		8			4									
				7				1						
		3					4							
9	4								9					7
				1		2					3			
8			4				7					4	2	
									3		8			
								1		2				5
						6						1		
							2					8		1
											9			2
								8			4			

“王”字数独

“王”字数独

NO. 1239

7					1			9						
8														
9				5			6							
	6				4									
			7					1						
		3		1		4								
	9				3					9				7
3			1				2				3			
	8					7		5				2	4	
							7			3				
								1						5
									9				1	
						2						9	8	
							5					4		
								8	3	2				

“王”字数独

“王”字数独

NO. 1240

		5			9									
	9							7						
				5			4							
9	4	2												
			3				2	9						
		7			4	6								
	1			3						1				3
			9				8				7			
	2			6		3						8	6	
								9		6				5
									1				9	
						8					5	1	2	
									2			6		
						9	1	2						

“王”字数独

“王”字数独

NO. 1241

	4				7		8							
8				2										
		5				2		4						
				9										
	3				6	9								
4			7				6							
		3			1				3					1
	9							8				7		
				4	2		3			8	6			2
													9	
						9			5			4		
											9			5
							8				2			
						3						1		
								1				6		

“王”字数独

“王”字数独

NO. 1242

		8			3			4						
2			6				5							
		5		9				6						
					6									
	7					1								
6			3				4							
				4	9				7					9
	1							2				3		7
9					8		7			2	4			
								7				8	1	
						1			5					
											1		9	
							2				8			
										4		9		
						8						4		

“王”字数独

“王”字数独

NO.1243

	1							8						
4		2												
				5			4							
	4							7						
			5		3	9								
7								6						
	1			3						1		3		
3					9		8		7					
	2		1					3					6	8
									2		9			
						9						5		
							6			5				
								8					2	1
						3			1					6
									6					5

“王”字数独

“王”字数独

NO.1244

	3		1		6									
6								5						
		9		5			6							
8			4											
					7	1								
3			6					4						
	9									9		7		
					1		2		3					
	8			4				7					4	2
										3				6
						1	8		6			5		
								4					1	
								2					8	
									9					4
						8			4			6		

“王”字数独

“王”字数独

NO. 1245

5				4										
4		9				7								
					5			4						
	9		6					5						
		6		3		9								
7			4				6							
		1			3						1	3		
	7			9				8	7					
		2					3				2		8	6
							5			9			4	
						9						5		
									3	1				9
							8							2
								5		2			6	
								1			8			

“王”字数独

“王”字数独

NO. 1246

	7		1					4						
				4			5							
4		9			5			6						
	1													
				7		1								
3	5		6				4							
		9	3								9	7		
7				1				2	3					
		8		2			7						2	4
						1				2		5		
											5			1
							2				6	1		8
								5						
								9	4					7

“王”字数独

“王”字数独

NO. 1247

				3		9								
	9	4			8									
7				2			6							
	2					7		3						
			9											
	1				5			4						
3				9				8	7					
		1	7								1	3		
9		2					3						8	6
									1				6	
							8					9		2
						2			6					
						9						5		
								3					4	
									3	1	5			

“王”字数独

“王”字数独

NO. 1248

9				7		1								
		6	4											
3					1		4							
	8							7						
	7			6		9								
	9				5			6						
7				1				2	3					
		9									9	7		
		8	9				7						2	4
									9		1			
							2					1		8
						8			4				5	
						1				2		5		
								7				4		
									7					1

“王”字数独

“王”字数独

NO. 1249

		6		3		9								
7			4				6							
	9				8									
4			8											
	1				5			4						
	3		9				8							
				9				8	7					
9		2					3						8	6
		1			3						1	3		
						3			1			8		
									6		8			
							8						1	2
						9		2		8		5		
													2	
						1				9				

“王”字数独

“王”字数独

NO. 1250

	2			7		1								
3					1		4							
		6	4											
	8				9									
		2	7		5			6						
5						9								
				1				2	3		7			
		8					7						2	4
2		9	3								9	7		
								5	9					
									4					
							2							8
						1				2		5		
						2								1
								7			3			

“王”字数独

“王”字数独

NO. 1251

9					1			2						
1				8										
		8				4								
4	1	3					7							
			9	6										
	9					2	8	5						
				9								8		
	3	9								4				
			8		7		6	3					1	
									7			9		1
						4		9	8					7
														8
													6	
							3	5		7				

“王”字数独

“王”字数独

NO. 1252

					9			8						
	3		8											
7		2				6								
6				8			3							
				4		7								
	1			7			2							
					4							2		
	7	1								6				4
			2		8		4	7					9	
									3			1		
						6		1	2				2	6
													4	
							7	5		3				6
											4			1

“王”字数独

“王”字数独

NO. 1253

		8		5		4								
1			2					6						
	6				1			2						
	9		1			2								
8					7			1						
		3					7							
				7			6	3			7		1	
	3	9								4				
				9								8		
								2					3	
						4		9	8					7
									7			9		
							3	5		7				4
											8		6	

“王”字数独

“王”字数独

NO. 1254

7		2				6		3						
		6		2										
			3		9			8						
3	1						2							
2				4										
			5			4	3							
							4	7					9	
	7	1	6							6	9			
	2				4						1	2		8
														2
						6		1	2				5	
									3			1		
										5		3		
							7	5		3				
						8					2		4	

“王”字数独

“王”字数独

NO. 1255

2		5			9	3		
	8		6					
				3			9	
						1		2
5	4	6			7			
			9					
		4					8	
1				9				
		9			6			3

“王”字数独

	8						5	
				9				
		3				8		
		6			9	2		3
3				5				
		8					6	
1						4		
	7						1	6
6			9	8	1			

“王”字数独

NO. 1256

8		5				7		
1					6			9
				7			1	
			6			9		8
5					3			
7			1					
		6					2	
				1				
2			3		4			7

“王”字数独

	2						5	9
				1				
		7				2		
		4			1	8		7
7				5				
		2					4	
9			3					
	3				7		9	4
		6	1					

“王”字数独

NO. 1257

				3			9							
9		3						1						
		5		7			4							
	2		9											
					7		3							
	9		4			1		2						
					6			3				8		9
1				9					1	9				
		4			1		8						5	
								8				1		
						3				5				4
								6			9	2		
									9					
							7						1	6
						1					5			

“王”字数独

“王”字数独

NO. 1258

			9	7			1							
	2				6									
		5				7		4						
7							3							
		4	8		3									
						9		8						
2					4			7				2		
				1						1				8
4		6					2		7					
								2					4	
						7				5				
								4			1	8		
											9			
							3		8				9	4
						9								

“王”字数独

“王”字数独

NO.1259

4				3			9							
		5						6						
9					4	7								
	2		9											
	9			6		1		2						
	4				7									
8					6			3	5			8		
		4					8						5	
		2		9						9				
								8						5
								6			9	2		3
						3				5				4
									9				2	
						1								
							7				3		1	6

“王”字数独

“王”字数独

NO.1260

6	4			7			1							
		5				7								
			4		6			9						
	8													
			6			9		8						
5		4			3									
2					4			7	5			2		
		6					2				6			9
9				1						1				8
								2						
								4			1	8	3	
						7				5				
														9
						9			3	4				
							3						9	4

“王”字数独

“王”字数独

NO. 1261

9			6			7								
				3			9							
	1	5					4							
5					7									
	2		9											
		8	4			1		2						
	7			9						9				2
					6			3	5			8		
6		4		2			8						5	
						3				5				
								8						5
								6			9	2		
							7						1	6
									9		1			
						1						4		

“王”字数独

“王”字数独

NO. 1262

	2	7				3								
			9	7			1							
8								4						
	6	4	8		3									
				2										
	1					9		8						
9				1						1			7	
					4			7			4	2		
		6	5				2							9
						7				5				
								2					4	
								4			1	8		
							3						9	4
									1	2				
						9			3			6		

“王”字数独

“王”字数独

NO. 1263

9						7		1						
		5		7										
	6			3			9							
5					7									
	9		4			1		2						
		1		8										
1				9						9			3	2
		4					8							
					6			3	5			8		
						3				5			8	
								6			9	2		
								8	4					
							7				3		1	6
						1				6				
									9					7

“王”字数独

“王”字数独

NO. 1264

1			4		6			9						
		5				7								
6				7			1							
	6				3									
			6			9		8						
	8			2										
9				1						1			7	
		6					2							9
	5				4			7	5			2		
						7				5			2	
								4			1	8		
								2	6					5
							3		8				9	4
						9								
										2		7		

“王”字数独

“王”字数独

NO. 1265

		5	8			3								
	6			3			9							
	8						2							
7				6		1		2						
3		1				6								
			2		7									
		4		2			8				4			1
8					6			3				8		
	7			9						9			3	
								6			9	2		
								8						
						3				5				
						1		2	7					8
										8				
							7		2				1	6

“王”字数独

“王”字数独

NO. 1266

		5	2					4						
				7	8		1							
1		7												
			6			9		8						
7	8													
				9	3									
		6					2		7				5	
	5				4			7				2		
9				1						1	2			
								4	2		1	8		
								2					4	
						7				5				6
						9					5			
									1					
							3						9	4

“王”字数独

“王”字数独

NO. 1267

			7	9		1		2						
		7					3							
9	8			2										
					5		4							
6		4	9					1						
	3						9							
5			6		4		8			5				
	9												9	
		6		5				3	8		9	5		
						1								
							7			1	6		4	
												9		
								6	2					9
						3				8			5	
								8			5			

“王”字数独

“王”字数独

NO. 1268

6	4					9		8						
		3	5		4									
				8			3							
2					5	7								
			1	2		3								
9	7						1							
		9			6		2		4					
	1										8		1	
		4						7	2					4
						9						3		
							3			9	4			7
												1		
								4	8					1
						7					6		5	
								2		4				

“王”字数独

“王”字数独

NO. 1269

9							1	2						
	5				7									
		1		9										
		5						6						
	9				4			1						
6			3			9		8						
		4		5		8				3				1
	1		9						9					2
5					6			3					8	
							1			7				
						7					3	1		6
										9				
								6			9		2	
							3		5					4
								8				6		

“王”字数独

“王”字数独

NO. 1270

		2					9	8						
	5				3									
8				1										
		5				6	7	4						
2					6									
	6		7			1								
		6		5		2			8	7	6			
3			1						1					8
					4			7					2	
							9				5			
						3						9		4
									2					
								4			1		8	
							7		5					
								2				4	9	5

“王”字数独

“王”字数独

NO. 1271

5		9						2						
	4		9											
				7		4		8						
				9				5						
9		1					7							
			5		2		1							
	7				6								6	5
3				1				4		7				
		5	8					7		5			1	
						2						1		
								9	4				5	
							4				1			2
												3	2	
							6			3				
						1					4			6

王”字数独

“王”字数独

NO. 1272

2						4		8						
	1		6		3									
				8				2						
1							2							
	6		5		9	3								
		8				9								
		4		6					4					8
9			4					6				3		
	2		1					3	9			5		
							8			9				
								1			3		6	
											8			9
							6		8	7				
						4						7		
								7					8	

“王”字数独

“王”字数独

NO. 1273

8			1		9									
						9	1	3						
7	9			2										
			2				8							
3	4		5		1	7								
		2				1								
		6		4					6		5			
				3				4				7		
	8				5			7	1			5		
							2			1				3
								9			7		4	
														1
							4		2	3				
						6						3		
							1						2	

“王”字数独

“王”字数独

NO. 1274

	6			1		4								
		1			2			9						
		4	7					6						
1							5							
				9		3								
	8			6	3	9								
	4		3						4				8	
					7		6			7		3		
		2	1				3		9			5		
								8			9		7	
							1		5					6
											1			3
									8		7			
						4						7		1
								9						

“王”字数独

“王”字数独

NO. 1275

				9				7						
	5	9						1						
7			3			5								
					6			8						
3				1		7								
	2					1								
	6		7						6				2	
1					3		4				2	7		
		8	9				7		1			5		
								2		4				
							9			7			8	4
									3					
							8		2		3			6
						6						3		
								1						2

“王”字数独

“王”字数独

NO. 1276

		2		5			3							
					6	7		1						
9	1			8										
						5								
	6		9					3						
8					2			9						
4			2								4			
				7		6			7			4		3
	2				1	3					9			5
							8			9				
						1				4			6	
								6				9		
										7	8			
						8		4						7
						7						6		

“王”字数独

“王”字数独

NO. 1277

		8			1		7	6						
5				8										
	9						4							
	1	9												
			1		5			7						
2				7				1						
6		5									6		8	
			2	3		4			3					7
	8			1		7					1			5
							2			1		3		
						9			7				4	
												1		
										3	2			
								6					9	3
									6					

“王”字数独

“王”字数独

NO. 1278

	6		5			3								
1					6		7							
		3		4				5						
9					8									
		7		9				3						
	8				2	7		9						
	4			2							4	2		
			7				6			7				3
2			9				3				9			5
						8			9					
							1			3		6		
													9	4
									7		8			
						3		4						7
								1					6	

“王”字数独

“王”字数独

NO. 1279

		8	5		1									
9							3							
		7		6		4		5						
1						8								
				1				7						
	2		7					1						
	6				7						6		2	
			3				4			3				7
8							7				1			5
						2			1					
							9					4		
										2			1	
						4			3		2			
								6						3
						1				6			4	

“王”字数独

“王”字数独

NO. 1280

		8					9							
	7			5	9		3							
	1		4			2								
		9				6		2						
1				6										
			5		1		4							
2								3	6	9			5	
			7					6					3	
8		4			2					4				8
						9						8		
							4						7	
									7	8		4		
											8			9
								1				6		2
						8			9					

“王”字数独

“王”字数独

NO. 1281

		2		8			1							
4					1		7							
	9		6					5						
		1				4								
9			8	4	7			3						
						7								
8				9				7		1			5	
			3					4			3		7	
		6	4							6		8		
						1								4
							6						3	
									3	2				
											2			
								9				4		
						2			1					3

“王”字数独

“王”字数独

NO. 1282

	4	8	3				9							
				8										
6					9		3							
	3				4			2						
	2			9		3								
1			2				1							
2				1				3		9			5	
		4								4				
			7					6			7		3	
						9		7						6
									7	8				
							4						7	5
											8	3		
						8			9					
								1				6		

“王”字数独

“王”字数独

NO. 1283

		2			4		1							
	9		6			8								
	3				1		7							
			2	3										
	8	4				7		2						
9					7									
8				9				7		1			5	
		6								6				
			3					4					7	
						1		3				2		
									3	2				7
							6						3	
											2			1
						2			1					
								9			7	4		

“王”字数独

“王”字数独

NO. 1284

6					9		3							
		3	4		7									
		8				7	9							
1					3			7						
	2		5					8						
		9		7		6								
			7					6			7		3	
		4								4				
2				1				3		9			5	
						3	4							5
									7	8				
												8		6
								1			3	6		
						8			9					
									1				4	

“王”字数独

“王”字数独

NO. 1285

	3				1		7							
	9			2		8								
		2		8			1							
9			8		7									
		4				7		2						
				3				8						
			3					4			3		7	
		6								6				2
8			1		5			7		1			5	
							6		8				3	
									3	2				
						1						2		4
								9				4		8
						2			1					
											2	7		

“王”字数独

“王”字数独

NO. 1286

			1		9		3							
		8					9							
9		3				2								
				6				7						
1														
				9	1	3								
	9		7					6			7		3	
2					5			3		9			5	
		4		3						4				8
							4					1	7	
						9		7						6
									7	8				
								1				6		
											8			
						8			9			5		7

“王”字数独

“王”字数独

NO. 1287

4				5	1		7							
		2					1							
	9			2		8								
		5			7									
9					6	4		8						
	8			1										
	1		3					4					7	
8				9				7		1			5	
		6								6				
							6						3	5
						1					6			
								8	3	2				
								9				4		
											2			1
						2			1				9	

“王”字数独

“王”字数独

NO. 1288

	1		4					5						
		8					9							
6					9		3							
	2				1	3								
1				7				2						
		5		6		9								
		4								4				8
2					5			3		9			5	
			7					6					3	
							5		7	8		4		
						9								
							4						7	
						8			9		6			7
													4	
						7		1			3	6		

“王”字数独

“王”字数独

NO. 1289

	9							5						
5		2		8			1							
			9		1		7							
		4		1				2						
9	7						5							
			8											
		6		7						6		8		
8					5			7		1			5	
	1		3					4					7	
									3	2				
						1								4
							6						3	
						2			1					
								5		3	2			
								9				4		8

“王”字数独

“王”字数独

NO. 1290

	9	1				3								
2				8	5			7						
			1			6								
4					3									
		9	6				3							
	2				8		9							
			8		4								4	5
7		8						6		3				
	1		2					3		5			9	
						8					7	9		
								1	6					6
										4			7	
												7	8	
							4			7				
						9								4

“王”字数独

“王”字数独

NO.1291

5	2	4		9										
	6					5	9							
	9		3			2	4							
9			7	2	6									
						4	2							
	3				9	7	8							
6				1		8		4						
		9			8	6					1	5		9
		3			7		1			3		8		
										1	4			
								1		9			6	7
						5			3				2	
						3				5		2	9	
							5		7					3
								9	4			7		6

NO.1292

						2					3			6
							3	7				5	2	
								8	2	4				
								1	6		7	3		
						7								9
								6	3		1	4		
7				9						8	9	7		
			3		5		1	4				6	9	
		8				3			5					4
9	5					1	2	8						
1	2	7					4	6						
2		6				9								
			5		8									
3				1				7						

NO. 1293

						2		3	1		9	5		7
							1	4				3	9	
									8		7			6
						5				2				1
						3			5		4			
3				7				2				8	6	
	1						3							
	4		6		1	8	7		3		1	9		4
			3		6	2								
		8				4								
		9	1		7									
	6	7	4		3		5							
	9						2							
4				9				6						

NO. 1294

3				1										
	4	1				2	8							
6				8				1						
		9	7		1	4								
	7		8		6		9							
		8	2		4	3								
1				7				3				2		
	5	6					2		6	3	1			
						7	1				5		9	3
										4		9		
							3						7	
								4		5				
						9	6		8				2	5
									1	9	4		8	
								8				1		

NO. 1295

							9		2					
							3	5				6	2	
						1		6						7
								2		9				
							6	9	1		4			
						4	8						3	
			2				1	3			2	7		
5					1			8		3		2	1	
	6	9		8			5		8		6			4
	7			4				5						
3		1				4		6						
			5		8	7								
4	9			6	2			1	2			5		
	1		4				6				8		4	7
		3			5	8	9		5					
								5		8			3	
						7			4		6			2
						6	2						1	
								6	3	4		9	8	
						4		7		1				5
						1	3					6		

NO. 1296

						5				2	7			8
								7				1		
						1		9				4		6
						2			5		8			1
										3				
						4			6		9			2
7								3				5		4
	3	6				8	4					2		
				5	3	9			4	6				3
		4	8		7	2								
1								8						
		5	2		4	7								
		8	1	9						1				8
	1	7				5	2		6		4			
5								4				9		
						9	3	2					6	1
										6	2			
						7	5					8	3	2
								1				7		3
						8				2				4
									9		6			

NO.1297

		9				6								
7			6	1				4						
5		3				8		9						
9			7		4			1						
				2										
1			8		5			3						
3		4				2								6
		1					3	7				5	2	
2				5	3			8	2	4				
								1	6		7	3		
						7								9
								6	3		1	4		
7				9						8	9	7		
			3		5		1	4				6	9	
		8				3								4
9	5					1	2	8						
1	2	7					4	6						
2		6				9								
			5		8									
3				1				7						

NO. 1298

						7				1				3
									8		5			
								9				6		2
						6	4					7	2	1
						8	2	1					5	9
4								3				8		
	9	6				4	1		5		3			
		7	9	8						9				7
		4	1		3	6								
9								7						
		3	7		6	1								
				4	2	8			3	5				2
	2	5				7	3					1		
6								2				4		3
						3			5		8			1
										2				
						1			4		7			9
						9		8				3		5
								6				9		
						4				1	6			7

NO.1299

2		1	9		8			6						
			1		4									
		5	6			7		9						
	4						2							
9				4				8						
	7						4							
		8			9	2				6				1
			3		1		9						2	
6			5		7		3		5		9	7	6	
						4			2		5	1		
								7				3		6
								8	9		6			
		9	3		8		5	6	3		2		4	
	6	3	4				8						1	
5						3				8				5
			8		9									
	4	2				9	6							
			2		5									
9								8						
	1				4	6	3							
		8	1		7	5								

NO. 1300

	4						2						9	3				2	8	
9								8												
	7						4					1		2	9		8	4		6
2		1	9		8			6							7		6			5
			1		4							4				1				9
		5	6			7						2			4		3			
		8			9	2				6				1				7	5	
			3		1		9						2							
6			5		7		3		5		9	7	6		2		9	8		3
									2		5	1								
								7				3								
								8	9		6									
						3				8				5						
							8						1							
							5	6	3		2		4							

NO. 1301

		9		8			5					3	6						1	5
	7		2		1		3							4				9		7
						6						8			7		5			
7								4					4			8			5	
	4		9		8	1	6					5								6
	6	5	4		7		9						1			7			8	
		7					1	6		7			9		3		8			1
				9		8		2	5		9	6		1					9	8
	8		1		6						4							5		
							5													
						2			4		3			7						
													2							
									1											
						5		9	2		7	1		3						
							8			9		5	4							

NO. 1302

		9		6		4		5												
			5	7	1															
		6				2														
1			4		9		5													
7								4												
	4		8		7			9												
		7				5				8				3						
9		8		4			1						8							
			9	3	6		4		2		3	6	5							
								3				7								
									6		9	8								
								1	5		2									
							6	7	9		5		3		7		5			6
							2						9		1		3			
						1				6				2	9			8		
													2						4	
													4						7	
												8								9
														7			6	5		
															4		1			
												6			8		9	1		2

NO. 1303

7	5			6		1	8													
	1		5		8		9													
9								5												
		5				8														
			8		7															
		7				3														
4							1			7			3							
	6		4		1	9					2			4						
	3	8		5			6						1	5						
							9	4		3			7							
						7								9						
							5			4		1	2							
						6	2						9							2
						1			5					8	3	5	7		9	
							8			2			5			6				
													3			4			7	5
														6				8		
												8	4			7			1	
																8		3		
													7		4	3	9		8	
												5								9

NO. 1304

		3	8		4	5														
5	4						9	8												
				9		4	2													
	3			4	5															
9		5				6		4												
			3	8			5													
	7						4	5		9			8							
		4	7		9	3		1	7		2	9		5						
3	2	8									1									
							2					8								
						7			3		4			2						
								3					5							
									4						6	1			8	
						1		6	9		5	2		8		9				
							9			7		6	1					7		9
													9		7		4	5	6	
												4								7
													6	1	8		9		4	
														6				3		
																8		9		
													3		1		2		7	

NO. 1305

7						1	8													
	1		5		8			6												
9		6		7			3													
		5		1		8														
	2		8					9												
		7			5		2													
4							1			7			3							
	6		4		1	9					2			4						
	3	8		5			6		3				1	5						
							9	4		3			7							
						7			2					9						
							5			4		1	2							
						6	2				8		9							2
						1			5					8	3	5	7		9	
							8			2			5			6				
													3			4			7	5
														6	1			8		
												8	4			7			1	
																8		3		
													7		4		9		8	
												5		3		2				9

NO. 1306

						4	8	3				9		7						
							7			2			6							
							9		8		2									
						8			9		7			4						
									6		4		5							
				5						7					8		1		2	
7		9						6											4	
	1		4		6								9	5						3
		5	9		2	1								3	9		6	7		
	7	1				9	8					5								4
		8	1		7	4								4	5		2	9		
			5		8		9			5		2		8				3	1	
1						3		4	8				6							
				7					9		6		5		1		4			
							1	6				4	8							
							8						9							
							7	2				5	1							
									7		4									
								5			1	6								
						7		8		2										

NO. 1307

							1		9		3									
						9			1		8			5						
									7		5		6							
						5	9	4				1		8						
							8			3			7							
				6						8					9		2		3	
8		1						7											5	
	2		5		7								1	6						4
		6	1		3	2								4	1		7	8		
	8	2				1	9					6								5
		9	2		8	5								5	6		3	1		
			6		9		1			6		3		9				4	2	
2						4		5	9				7							
				8					1		7		6		2		5			
							2	7				5	9							
							9						1							
							8	3				6	2							
									8		5									
								6			2	7								
						8		9		3										

NO. 1308

									1		5	7								
								7	4			5								
								8			9									
							9						6							
						6		1		2				5						
						3		5		8		9		7	4	6				
5	2		3		9		8						2						9	
4		1							6			4			2		9			3
	6			5										1			8	2		
1		8		6		4		7					9	4	6		7	3	5	
				9			2							5	1			9		
6								3		4					9		1			
	5		9		1	2	4					1							6	
									7		9	3				8	6			
						1			6		2			4						
						8			9		5			1						
								5	3		4	8								
								9					6	5						
										5		2								

NO. 1309

						7		2		3				6						
							1						7							
								9			1									
								8	5			6								
									2		6	8								
						4		6		9		1		8	5	7				
6	3		4		1		9						3						1	
5		2							7			5			3		1			4
	7			6										2			9	3		
2		9		7		5		8					1	5	7		8	4	6	
				1			3							6	2			1		
7								4		5					1		2			
	6		1		2	3	5					2							7	
									8		1	4				9	7			
						2			7		3			5						
						9			1		6			2						
								6	4		5	9								
								1					7	6						
										6		3								

NO. 1310

							5				6		2							
										8		1								
								6		1		4	5							
							9						3							
									9	6	5									
							1						9							
			8		1		2			4				3				6		
							4		2				8						9	
	9	5						3		7				5			7	1		8
		3	9		6	7						6			1		4			
5								4						8				2		
		4	5		2	9									5					9
2		8				3	1					4		9	7		5			
	6									9			2						6	
	5		1		4				5	4	1			7				5		
								9	1	6		2		4						
						8								6						
						6		1		7	8	9								
									9	3	2									
							6						9							
												3								

NO. 1311

							2						1							
						3			1	7	6			2						
							1						4							
						1		7		2		5	6							
										9		2								
							6				7		3							
9		2	5				3			5				4	5			7		
	7						5		3				9			4			1	
				1	6			4		8				6			8	2		9
1		7			4	8						7			2		5			4
			6					5						9				3		
6		3			5	1							8		6					1
			3		9	4	2					5		1	8		6			2
	6			7				9		1			3						7	
2		5		6					6	5	2			8		2		6		
								1	2	7		3		5						
						9								7						
						7		2		8	9	1								
							5		1	4	3									
							7			6			1							
								3				4		6						

NO. 1312

5			1		2		7							
		9		8			5	1						
	1	4						8						
	5	1		9		7								
6			2			1		4						
			4		1			3						
						2		7						8
	2		9	5		8		6				7	3	
3		6			4		1		3					
							8	3		1				
							7	1	2		5			
						5							4	
			3				2	4			3	8		
6					2			9		4		3	2	
	7	1					6		9		7			5
		2				5		7						
	8			5										
			6		9	8								
5	1			7	3			2	3			6		
	2		5				7						5	8
		4			6	9	1		6					
								6		9			4	
						8			5		7			
						7	3						2	
									4	5		1	9	
						5	9			2				6
						2	4				6	7		

NO. 1313

			5		2			4						
7			3			2		5						
	6	2		1		8								
	2	5						9						
		1		9			6	2						
6			2		3		8							
						3		8						9
	3		1	6		9		7				8	4	
4		7			5		2		4					
							9	4		2				
							8	2	3		6			
						6							5	
			4				3	5			4	9		
7					3			1		5		4	3	
	8	2					7		1		8			6
		3				6		8						
	9			6				7						
			7		1	9								
6	2			8	4			3	4			7		
	3		6				8						6	9
		5			7	1	2		7					
								7		1			5	
						9			6		8			
						8	4						3	
									5	6		2	1	
						6	1			3				7
						3	5				7	8		

NO. 1314

6					2			9						
	7	1					6							
			3				2	4						
		2				5		7						
	8			5				6						
			6		9	8								
5	1			7	3			2	3			6		
	2		5				7						5	8
		4			6	9	1		6					
								6		9			4	
						8			5		7			
							3						2	
5	2	4		9					4	5		1	9	
	6					5	9			2				6
	9		3			2	4				6	7		
			7	2	6									
						4	2							
	3					7	8							
		9			8	6					1	5		9
		3			7		1			3		8		
6				1		8		4						
										1	4			
								1		9			6	7
						5			3				2	
						3				5		2	9	
							5		7					3
									4					6

NO. 1315

		3	7					1						
				8	2		7							
4							3	5						
					3	6		8						
	6			9				7						
7		1				9								
	8	4	6	2				3	4			7		
6				3			8						6	9
		7			5	1	2		7					
								7		1			5	
						9			6		8			
						8	4						3	
	1		6	3	5				5	6		2	1	
				7		6	1			3				7
4				1		3	5				7	8		
8	3	7	1											
						5	3							
				4		8	9							
		9			1	7					2	6		1
		8			4		2			4		9		
	2		7			9		5						
										2	5			
								2		1			7	8
						6			4				3	
						4				6		3	1	
							6		8					4
									5					7

NO. 1316

3					7		5							
	9	2		5				3						
6					4									
	2				3			5						
7	6			9		1								
			4	1										
		8		3			1		7			3		
9		5	1					6	8			9		
						4		8		1				6
							8	7					3	
							2	4						
									6	2	7			9
		7	6				4	2			3		9	
6				2			9	5					6	
	9	1		5	4					9		4	2	5
	2						3	7						
			7		5			8						
	4			9		6								
					6		1	9	6			4		
8	5						7				5		2	
		6			3	2			3	7			1	5
								8	9		6			
						6				5			8	
						7		5				2		
							6					1	7	
						9			2					6
						4	2				3			

NO.1317

	3				4			6						
8	7			1		2								
			5	2										
4					8		6							
	1	3		6				4						
7					5									
		9		4			2		8			4		
1		6	2					7	9			1		
						5		9		2				7
									7	3	8			1
							3	5						
							9	8					4	
		8	7				5	3			4		1	
7				3			1	6					7	
	1	2		6	5					1		5	3	6
	5			1		7								
			8		6			9						
	3						4	8						
					7		2	1	7			5		
9	6						8				6		3	
		7			4	3			4	8			2	6
							7					2	8	
						1			3					7
						5	3				4			
								9	1		7			
						7				6			9	
						8		6				3		

NO. 1318

		1		7		5		6					4	7	5				2	
			6	8	2									6	8		2	9		
		7				3						9								1
8								5					7	1				3	5	
2			5		1		6								6		3			
	5		9		8			1							1		9			
		8				6				9				4						6
1		9		5			2						9				5	4	7	
			1	4	7		5		3		4	7	6		9		4	1		
								4				8								
									7		1	9								
								2	6		3									
4		9	1		3		7	8	1		6		4		8		6			7
							3						1		2		4			
	6	8				2				7				3	1			9		
			4		5			3					5						8	
1				2				5				9								1
6			7		8								3						5	
	9	3				4	1							8			7	6		
															5		2			
7		5	9		1	3		2				7			9		1	2		3

NO. 1319

2		1	9		8			6				1		2	9		8	4		6
			1		4															
		5	6			7							9	3				2	8	
	4						2								7		6			5
9				4				8				4				1				9
	7						4					2			4		3			
		8			9	2				6				1				7	5	
			3		1		9						2							
6			5		7		3		5		9	7	6		2		9	8		3
									2		5	1								
								7				3								
								8	9		6									
		9	3		8		5	6	3		2		4		6	3	9			
	6	3	4				8						1			4		8		9
5						3				8				5				7		
			8		9							9			7		8		4	
	4	2				9	6					4								7
			2		5								5		9		4			1
9								8						2				6		
	1				4	6	3					5		4		6		9		
		8	1		7	5									1	7	5			

NO. 1320

9								5								7				
	8		9	3	4		7					8			6		4			7
		3		8										7	5			3	9	
	1			7			4	8				1			4		9			2
		8				6							9						8	
5	7			4			3					6			7		8			1
				6			5			2			8				1	6		
	9		7	5	3	8					5			1	9		6			3
2							9						2	6		4				
							2	1		4			5							
						9								7						
							7			3		4	9							
8				4		5	1						6			5		8	3	
9		2				4			2					9	1		4		6	
1	5			6			3			7			1							4
	4		5				9							3				7		
			4		8										7		8			
	8						7							8				5		
	3			5			4	8				5								9
4						7		2					9		8		5		1	
5				9				3					8	1		6			5	7

NO. 1321

	2		6		9		1					3		8						5
8	6			7		2	9					4				1				6
1								6				9	5			6			4	
			9		8										9		5			
		6				9							8		4				9	
		8				4							1				6		5	
5							2			8			4			7			6	2
	7		5		2	1					3			5				3		1
	4	9		6			7						2	6						9
						8								1						
							1	5		4			8							
							6			5		2	3							
				5		7	3						1							3
4			7		1	2			6					9	4	6	8		1	
		7	2				9			3			6			7				
2			9		8			7					4			5			8	6
	9						1							7				9		
3			1		5			2				9	5			8			2	
	1	4			6	8										9		4		
8			5		7			9					8		5	4	1		9	
				8								6								1

NO. 1322

	9	3						7						
4			9		1		6							
		8		7			4	9						
			3		9			2						
	4	9		8		6								
5			1			9		3						
						1		6						7
	1		8	4		7		5				6	2	
2		5			3		9		2					
							7	2		9				
							6	9	1		4			
						4							3	
			2				1	3			2	7		
5					1			8		3		2	1	
	6	9					5		8		6			4
		1				4		6						
	7			4				5						
			5		8	7								
4	9			6	2			1				5	9	8
	1		4			5							4	
		3			5		9		5					
								5				7		
						7			4		6			2
						6	2			5			1	
4	1	3		8					3			9	8	
	5					4	8			1				
	8		2			1	3		8		5	6		4
8			6	1	5									
						3	1							
	2					6	7							
5				9		7		3						
		8			7	5								
		2			6		9							

NO. 1323

5					3									
2					6		4							
	8	1		4				2						
	1				2	7		4						
6	5			8		9								
			3	9										
		7		2			9		6			2		
8		4	9					5	7			8		
						3		7		9				5
							7	6					2	
							1	3						
									5	1	6			8
		6	5				3	1			2		8	
5				1			8	4					5	
	8	9		4	3					8		3	1	4
	1						2	6						
			6		4			7						
	3			8		5								
					5		9	8	5			3		
7	4						6				4		1	
		5			2	1			2	6			9	4
								7	8		5			
						5				4			7	
						6		4				1		
4			6		8		5					9	6	
	1	2		3		8			1					5
		7	2			3	1				2			
	3							4						
			4		1	9	6							
				9		2	7							
					2		9							
	2	6				5		7						
7						6		1						

NO. 1324

												3				8			2	6
6		8	2		3	5		1				5			4					9
				4										9				7		
		6	9	7	2	3						2		1				9		5
	9	1		5		8	6								5		6			
		4	8	6	5	7						9		7				6		3
				2			9						3					8		
					6			3	5	7	1	6					3			2
						6							1	2		5				8
							6						8							
							1		8		7		5							
							4						2							
9						5	3							9	8		3		6	
5			7		2			4	3	2	6	5					6			
	9	8					7						6		2		5			
1							6	2				7				8		2		9
			3		1							9			5		4			8
2	7							5				6		8		3				5
	2	6				4	1								3			6		
7			9		6			8							1					
8								3					9		7		8		4	

NO. 1325

	3		9		8		2					9	3	7	6		1			2
2			5			1		4								4				
	4		2	7	6		8					7			4					3
	1	4				2	6						8						2	
9			1	4				8				3	6				9		1	4
	5	3				4	1						9		3				6	
	7			3	5	8		2		4		5		6			2			8
3		2			4	5								3		1				
			7		1		4		8	7	5		2		5		4	8	3	7
							8					9	1							
						1					4			7						
							2	3					6							
	8			2			1		7		9		8		9		5			3
		1				9	3							1	3	6	9			
1	4		9		5	2		7		1		3		4						
	3		4		8		9					2	7						1	6
5		3		8		6		9						3	7	2	1	8		
	9		8		1		2					5	2						9	1
7			1		9		8	4									3			
		9													1	4	2			
	6			9			5						1		2		7	4		5

NO. 1326

	4		8		7		9					3								8
					1							8			6		9			7
		6			3								1	4				6	2	
5				3		8		6				5							7	2
8			4		5			9							1		3			
9		2		8				7				2	6							1
			5		2		6						7					8	9	
			6					5	6	2	3	4			2		7			5
	6		3		8	9							3	5						9
							2						4							
							5		7		8		1							
							8						6							
8				5		2	1							6						
2			3					6	1	7	5	3			6		7	9		5
		8					3						9			2				
3		6				7		9						7	5	6	8	4		
			6		5								6	8		5		1	9	
5		9				1		2						3	2	7	9	6		
		7				9										4				
9					4			5				1		5	3		2	8		6
6	2			8				3												

NO. 1327

	2		8		7							8	2	6	5		9			1
1			4			9		3								3				
	3		1	6			7					6						5		2
	9	3			8	1	5						7		6				1	
8				3				7				2	5				8		9	3
	4	2				3	9						8		2				5	
	6		3	2	4	7		1		3		4		5			1			7
2		1			3	4								2		9				
			6		9		3		7	6	4		1		4		3	7	2	6
							7					8	9							
						9														
							1	2					5							
	7		5	1			9		6		8		7		8		4			2
						8								9	2	5	8		7	
9	3		8		4	1		6		9		2		3				4		
	2		3		7		8					1	6			4			9	5
		2		7		5								2	6	1	9	7		
	8		7		9		1					4	1						8	9
6			9		8		7	3									2			
		8				7							2		9	3	1			
	5			8			4								1		6	3		4

NO. 1328

7	1		6		4		3	9							1	9	6			
3												7								5
		8	1		7	9									3			7		
				7			4					4	7	6		5				9
9								6							9		4			
	5			6								9		3		6		4	2	8
		1	2		8			3				1					9			
						4		2	9	6	3			7						1
4	6		3		1		7						6		8	1	7			
							2			8			7							
							8						3							
							6			9			4							
	2						4						5		3		6		9	4
				7		1			7	2	[illegible]	4		8	7			2		
	6		4	9	8			7				6						5		
	4		3		6		7						3			2			7	
		5	8	6	7	3														
	3		1		9		8						8			4			1	
	9		7	2	5		1							9				7		
				1										1			8	3		
	7						6					1	6		2		3		8	9

NO. 1329

2		3		4		8		7							6		1			5
			2	1	6			3							1		9			
								8								8				4
1								4				5	9			1			2	7
	4						1						6			2			4	
6								5				9	3			7			1	2
7						6	3						1	4		3				
3			8	6	9			2	1		6	8			7		2			
9		7		3		5			9					3	2		5			
								5				9								
						4								1						
								8				7								
	4			8		2					3			7				4		
		8	6		1			4	8		2	1			9		2	8		5
			2		4	8	5						9	2		6				
8						5	4	1						5	8		1	9		
		7		4		3						2				8				9
9	5	2						7						9	4		8	1		
			4		3											3				
		4	1		5	7						8		4	3		9			6
	2			9			3							1				7		

NO. 1330

9	8		3		2		6	1					6						7	
		3	8			1										1		6		4
3		7				9		8					1		5	2	7		9	
	1			4			8						8		9		1		3	
		1										4		3	7	6	8	5		
	7		9	2			3						7		6		3		4	
		5						6				7			8	9	4		6	
		2			7	8		4	5	2	7			1		7				
4	9		6		3		5						4		1				2	
							4			9			6							
							3	2				4	8							
							7			8			2							
	5		7	1	8		6						7		1		3		6	4
1						7			3	6	9	2		4				3		
			9					1				3			8		2	1		
8	2	4		6		3		9						3		6			5	
			4		9							6								9
9		1		5		6	7	4					4			7			3	
		7			3									9	7		1	8		
5								7				4								3
	4		6	9	1							9	3		4		6		1	7

NO. 1331

			1		9							1	4	8	7		2			3
3			6					5								5				
	5		3	8			9					8								4
	2	5				3	7						9						3	
1				5				9				4	7						2	5
	6	4				5	2						1						7	
	8			4	6	9		3		5		6		7						9
4					5	6								4		2				
			8		2		5		9		6		3		6		5	9	4	8
							9					1	2							
							3	4					7							
	9			3			2		8		1		9		1		6			
						1								2	4	7	1			
2	5		1		6	3		8		2		4		5						
	4		5		9		1					3	8						2	7
		4		9		7								4	8	3	2	9		
	1		9		2		3					6	3						1	2
8			2		1		9	5												
															2	5	3			
	7			1			6								3		8	5		6

NO. 1332

4					8		6							
7					5									
	1	3		6				4						
8	7			1		2								
	3				4			6						
			5	2										
		9		4			2		8			4		
1		6	2					7	9			1		
						5		9	3	2				7
							3	5						
							9	8					4	
									7	3	8			1
		8	7				5	3			4		1	
7				3			1	6					7	
	1	2		6	5					1		5	3	6
			8		6			9						
	3						4	8						
	5			1		7								
					7		2	1	7			5		
9	6						8				6		3	
		7			4	3			4	8			2	6
						7				6			9	
								9	1		7			
						8		6				3		
6			8		1		7					2	8	
	3	4		5		1			3					7
		9	4			5	3				4			
			6		3	2	8							
	5							6						
				2		4	9							
					4		2		5			7		4
	4	8				7		9		6	1		3	
9						8		3						
								8		1		2	6	
						5		2			3			7
						4			2		5			
						2	6			9		1		
							8		3		2			6
						9						5	2	

NO. 1333

			6	3										
	4				5			7						
9	8			2		3								
	2	4		7				5						
8					6									
5					9		7							
		1		5			3		9			5		
2		7	3					8	1		7	2		
						6		1		3				8
									8	4	9			2
							1	9					5	
							4	6						
		9	8				6	4			5		2	
8				4			2	7	6				8	
	2	3		7	6					2		6	4	7
	6			2		8								
	4						5	9						
			9		7			1						
					8		3	2	8			6		
1	7						9				7		4	
		8			5	4			5	9			3	7
						9		7				4		
								1	2		8			
						8				7			1	
7			9		2		8					3	9	
	4	5		6		2			4					8
		1	5			6	4				5			
				3		5	1							
	6							7						
			7		4	3	9							
					5		3		6			8		5
	5	9				8		1		7	2		4	
1						9		4						
						1						6	3	
							9		4		3			7
						3	7			1		2		
						5			3		6			
						6		3			4			8
								9		2		3	7	

NO. 1334

5	2													
		4		3				6						
	1		8	7		2								
	6			1	3			4						
		8	4				6							
		5	7											
	4				9		2		4			8		
2			1		6			7	1			9		
						5		9			7		2	
											1	7	3	8
							9	8		4				
							3	5						
7					8		5	3		1				4
	3		7				1	6		7				
	6	5		1	2				5	3	6		1	
	1			5		7								
				3			4	8						
8		6						9						
		7					2	1	5			7		
			9	6			8			3				6
		4			7	3				2	6	4	8	
						8		6	3					
								9				1		7
						7				9			6	
8		1	6				7		2	8				
	5			3	4	1					7	3		
4					9	5	3							4
	2					4	9							
				5				6						
6		3				2	8							
		4					2		7		4	5		
				4	8	7		9		3			6	1
			9			8		3						
						9			5	2				
							8				6	3		2
						2	6		1				9	
						4						2		5
						5		2			7			3
								8	2	6			1	

NO. 1335

6			3		4									
3					7		5	2						
	9	2		5										
7	6			9		1								
	2				3	8		5						
			4	1										
	7	8		3			1		7			3		
9		5	1					6	8			9		
	1					4		8		1				6
							2	4						
							8	7					3	
									6	2	7			9
		7	6				4	2			3		9	
6				2			9	5					6	
	9	1		5	4					9		4	2	5
			7		5			8						
	2						3	7						
	4			9		6								
					6		1	9	6			4		
8	5						7				5		2	
		6			3	2			3	7			1	5
						6				5			8	
								8	9		6			
						7		5				2		
5			7		9		6					1	7	
	2	3		4		9			2					6
		8	3			4	2				3			
			5		2	1	7							
	4							5						
				1		3	8							
					3		1		4			6		3
	3	7				6		8		5	9		2	
8						7		2						
								7		9		1	5	
						4		1			2			6
						3			1		4			
						1	5			8		9		
							7		2		1			5
						8						4	1	

NO. 1336

		1	5	2		4								
	3				4			6						
8	7			1		2								
	1	3		6			5	4						
4					8		6							
7					5									
		9		4			2		8			4		3
1		6	2					7	9			1		
	2				1	5		9		2				7
						4			7	3	8			1
							9						4	
							3	5		9				8
		8	7				5	3	6		4		1	
7		5		3			1						7	
	1	2		6						1	9	5	3	6
	5			1		7								
	3						4	8						
4			8		6			9						
					7		2	1	7			5		
9	6		1				8				6		3	
		7			4	3			4	8			2	6
						8						3		
								9	1		7		6	
						7				6			9	
6			8	3	1		7			1		2	8	
		4		5		1			3					7
		9	4			5	3				4			
				2		4	9							
	5	2						6						
			6		3		8							
					4		2		5			7		4
	4	8				7		9		6	1		3	
9						8		3			9			
						9				4		5	2	
							8		3		2			6
						2	6			9		1		
						4					5			
						5		2			3			7
								8	9	1		2	6	

NO.1337

			9					7																9		8			2			1
		1		4	6	9																			3		4				5	
		4				1																										
		8	3				1	4																2				9		8		
					8	2																			6	3			5			9
		5	4																					1			3			2		
7				1	2		8			9	5		4											6	2		8		7			
	1					7		5			3												3		7					6		2
5	6			8								8	3					6	1		2	9							6			7
							3	8						7						8		3				6						
						1				7			9	8							8	2										
									2	5								1	6					8	9							
								9	8	1		5	7				2	3						7	5							
								2				6			9		4		2		4	6										
						8	4				6					3		8														
													6		5					7												
													5					6		9												
															7		1		3													
							1		4			2		5		4			7					3	2							
													4	6		8			1				8		9	7						
								6		2	5	8			3			4		2			9		5							
											2									7		1	2			5						
						2				8		9									7	5										
								7	9				2	1				6				9				1						
		7			3	5			2		3	1						7					1		3			6		8		
							9		8			4		2					8			4				2			4	6		3
6	1		8	9		4	7			5			8					1	2		9			4			5	3	7			9
																											6		3			7
		1	3		2			4																	2	3	4				9	
5	6					3	2																							9	3	6	2
	5			1	8	2																		1	9			4	2	5		
9			2				3	1																2	6							
			9		4	6		5																				8			2	

NO.1338

					2			9																2		1	4			3		
3			8	6		2																			5				6		7	
6						3																										
1					5		3	6																4				2				1
			1			4																			8	5	7			2		
7					6																			3					5			4
		9	4	3			1		7	2			6											8	4		9		1			
	3					9		7	5											2	5				9					4		8
	8	7		1								1	5					8	3			2	4				8			9		
							5	1						9						1		5				8						
						3				9			2	1								4	1									
										7	4							3	8					1	2							
								2		3	1	7	9				4	5						9	7							
								4				8			2		6		4			8	6			1						
						1	6		8			2				5		1														
													8		7					9												
													7					8		2												
															9		3		5													
							3				6	4		7		6			9					5	4							
													6	8		1			3		1				2	9						
								8	7	4		1			5			6		4	2				7							
									4											9	4	3				7						
						4				1		2										7	9									
								9			2		4	3				8				2				3						
9			5			7			5		4	3						9			3				5			8				1
							2				1	6		4					1			6				4	6			5		8
	3	8		2	1	6	9			7			1					3	4				2	6			9	5	7	2		
																											5		8			
3			4		5			6																	4	5			6		2	
	8	7				5	4																		9		2			4	8	5
	7		1	3		4																		3	2							
		2			4		5	3																4	8							
			6		2	8		7																				1			4	

NO. 1339

			1					8																1		9			3	2		
2				5	7	1																			4		5				6	
5						2																										
9			4				2	5																3				1				9
					9	3																			7	4			6	1		
6			5																					2			4					3
		8		2	3		9			1	6		5											7	3		9		8			
	2					8		6			4												4		8					3		7
	7	6		9								9	4					7	2		3	1							7	8		
							4	9						8						9		4				7						
						2				8			1	9							9	3										
									3	6								2	7					9	1							
								1	9	2		6	8		3			4						8	6							
								3				7			5		1		3		5	7										
						9	5				7					4		9														
													7				6			8												
													6					7		1												
															2		8		4													
							2		5			3		6		5			8					4	3							
													5	7		9			2				9		1	8						
								7		3	6	9					4	5		3			1		6							
											3									8		2	3			6						
						3				9		1									8	6										
								8	1				3	2				7				1				2						
8					4	6			3		4	2						8					2		4			7				9
							1		9			5		3					9			5				3			5	4		7
	2	7	9	1		5	8			6			9					2	3		1			5			6	4	8	1		
																											7		4			
2			4		3			5																	3	4	5				1	
	7	6				4	3																						1	3	7	4
	6			2	9	3																		2	1							
		1	3				4	2																3	7							
			1		5	7		6																					9			3	

NO. 1340

	3							9																			3	6	1		7
		8	7			3																		8	3							
		7		2		8																		7		9						
	5			4	2	1																					2			5		6
			3			2																		1		3		6				
	4		1		6			5																		4		8			1	
		5	4		8	6		7		4								1				3			9			2	3		4	
		4		5		9	2							3				6			5					1				3		
	6			3	7					9	8							4	2	1				7		9			6		
							1	4			2			6						1			4										
						7				1		4								3		9	7			2						
								5	4			7						8							5	7						
							6	3		2		1		4					8	7					1								
						1					4		6		8	7				9		2		5		6						
							4				3		8	7							9	1										
																	3		6	4													
														1	6				5															
													5			7		9		2													
						3		9			8	6				8		1		5				3	8								
						4	1							3	9			5		4						8	3								
									9				4			9	2					1												
						2				9										6			1		4								
							6		3	7	2								8		5	4		2								
									3	4				2	1															5						
			3	4		6									5						9			1			8	2			4		3
	4		2	8				5					7	2	4						7			2		9	4		5			8	
	5						4		7		3		9								8						1				5	
8	6					7																			1		6				5
						1	5		8																					2		
5		2				9	6																		8		9	4				7	
		4				2	5																		9	4		3				2	
	2	8			4																								7				
		5					8	1																		8					1		4

NO. 1341

3		2			1	8		9					3			6				5
			9	6	4									6			2	1		
	6						1					5		9		4		2		6
5			4		7			6					4		7		5		2	
6	1			3				5						1		3		7		
4				1			8	2						3				5		
	3							8	3		9					9		6		
		4					9						6			7			5	
2			7	8	3	6		1		2				5	6			8		
														1						
								7	4			5								
									1		5	7								
				1		3		5		8		9		7	4	6				
5	2		3		9		8						2						9	
4		1							6		3	4			2		9			3
	6			5	7									1			8	2		
1		8		6		4		7					9	4	6		7	3	5	
				9			2							5	1			9		
6				4			9	3		4					9		1			2
	5		9		1	2	4					1		9					6	
	4					5			7		9	3				8	6			9
								2					5							
						1			6		2			4						
						8			9		5			1						
	7			4				5	3		4	8								4
4		6			5			9					6	5	8	9	1			
	9		6							5		2			4		5		6	
			2	7	4									6				4	1	
		2				7	9	4				5			9	1				2
7			8	9	6								8	9				7		
	3						6						4		6		2		5	8
	8	7	9							8		9			1	8	7			
6	4			8		2			1	9	4		3							7
						5								7						
								6	2		7	8								
								4	9		1	5								
	1		7	6	8		9		5	1	8		7						5	
	8	7						1		7					7			1		3
4							7						1		3		8			
7				4				9							4	3	7			9
		3				1							5						3	
8				7				6				8			5	9	2			
5		8						4							6		1			8
						5	6					6		1			3	9		
	6		3	5	9		1						3						4	

NO. 1342

			4		3	9		1					4			6		7	
1	7	5												7	2					3
				7			2					6		1	3		7		5	
5		8	6					7					5			3		8		6
	4		7	2				6						2	8				4	
	2		5				9	3						4	6					
	5			4		3		9			1				7				1	
					5		1						7			6			8	
8	9	4	3			7		2		3				6	9		8			5
						6								2						
								8	5			6								
						5			2		6	8								
						4		6		9		1		8	5	7		9		
6	3		4		1		9						3						1	
5		2		9					7		4	5			3		1			4
	7			6										2			9	3		
2		9		7		5		8					1	5	7		8	4	6	
				1			3							6	2			1		
7								4		5			9		1		2			3
	6		1		2	3	5					2							7	
1									8		1	4				9	7			1
						2			7		3			5						
						9			1		6			2						
	8			5				6	4		5	9						6		5
		7			6			1					7	6	9	1	2			
	1		7				8			6		3			5		6		7	
1			3	8	5		2							7				5	2	
		3				8						6			1	2				3
8			9	1	7			3					9	1				8		
	4						7						5		7		3		6	9
	9	8	1			2				9		1			2	9	8			
	5			9				8	2	1	5		4							8
						6								8						
								7	3		8	9								
								5	1		2	6								
	2		8	7	9		1		6	2	9			7					6	
	9	8						2		8					8			2		4
5							8						2	1	4		9			
8				5				1							5	4	8			1
		4				2							6	8				5	4	
9				8	4			7				9			6	1	3			
6		9						5							7		2			9
						6	7					7		2			4	1		
	7		4	6	1		2						4						5	

NO. 1343

8	3			5				7						3		5		9		1
6				3		2		4						5				7		
7		1	6		9			8					6		9		7		4	
1			2	8	6		4							8			4	3		
	8						3					7		2	5	6		4		8
	6	4	7			1							5			8				
	5				2	4		1			2					2		8		4
		6				7	2		7				8			9			7	
4			9	1	5	8		3		4		5		7	8		6	1		
								9	6			7								
						6			3		7	9								
							5							3						
						5		7		1		2		9	6	8				7
7	4		5		2		1				9		4			9			2	
6		3		1					8			6			4		2			5
	8			7	9									3			1	4		
3		1		8		6		9					2	6	8	4	9	5	7	
				2			4							7	3			2		
8								5		6					2		3			
	7		2		3	4	6					3	9						8	
		5	9						9		2	5			9		8			2
						3			8		4			6						
						1			2		7			3						
								4					7							
	9			6	2			7	5		6	1								6
		8		3				2					8	7	1	2	3	4		
	2					6				7		4			6		7		8	
			4	9	6	1								8	9			6	3	
1		4				9	2					7				3	5			4
	5		1	2	8								1	2				9		
	5						8						6		8		4		7	1
	1	9	2							1		2			3	1	9			
8	6			1	5		7	9	3	2	6		5					3		9
								8	4		9	1								
								6	2		3	7								
						7								9						
	3		9	8	1		2		7	3	1			8					7	
	1	9						3		9		4			9			3		5
6							9						3		5		1			
9				6				2							6	5	9			2
		5	1			3							7						5	
1				9				8				1			7	2	4			
7								6							8		3			1
		2				7	8					8		3			5	2		
	8		5	7	2		3						5						6	

NO. 1344

	5	3			2	9						3	4			7				
	7						2							1		5		3		7
			1	7	5			8						7			3	2		
6			5		8			7					5		8		6		3	
5				2			9	3						4				6		2
7	2			4				6				1		2		4		8		
	4		2					9			1					1	9	7		3
		5					1			5			7			8			6	
3			8	9	4	7		2						6	7			9		8
									2		6	8								
								8	5			6								
						4		6		9		1		8	5	7				6
6	3		4		1		9				8		3						1	
5		2	7						7			5			3		1			4
	7			6										2			9	3		
2		9		7		5		8					1	5	7		8	4	6	
				1			3							6	2			1		
7		3						4		5					1		2			
	6		1		2	3	5					2		1					7	9
				3					8		1	4				9	7			
							7													
						9			1		6			2						
						2			7		3			5						
	8		4	5		7		6	4		5	9								5
		7			6			1					7	6	9	1	2			
	1						8			6		3			5		6	9	7	
			3	8	5									7				5	2	
9		3				8		5				6				2	4			
			9	1				3					9	1		7		8		
	4						7						5		7		3		6	9
		8	1		3		5			9		1			2	9	8			
	5			9			6		2	1	5		4							8
						6								8						
								5	1		2	6								
								7	3		8	9								
	2		8	7	9		1		6	2	9		8						6	
	9	8						2		8		3			8			2		4
5				4			8						2		4		9			
8				5				1							5	4	8			1
		4	9			2							6						4	
9				8				7				9		4		1	3	8		
6				2				5							7		2			
	8					6	7					7		2			4	1		6
	7		4	6	1		2						4		1				5	

NO. 1345

		3		6	4	1							5						8	
				8			3							2	4		8		6	
2	8	6										6		8	3					4
6		9	7					8					6			4		9		7
	3		6	9			1	4						5	7					
	5		8	3	2			7						3	9		1		5	
	6			5		4		1			2	3			8		4		2	
	7				6		2						8			7			9	
9		5	4			8		3		4				7	1			8		
									3		7	9								
								9	6			7								
						5		7		1		2		9			7	6	8	
5		2	7	4			1						4			2				
			6		3				8			6					5	4		2
	7			8										3	4					1
	8		3		1	6		9					2	6	5	7		8		9
	2			9			4							7	2			3		
			8					5		6								2		3
2		3		7		4						3				8				
	4				5				9		2	5							1	8
						1			2		7			3						
						3			8		4			6						
	6			9				7	5		6	1					6			
		7			8			2					8	7				1	2	3
				2						7		4				8		6		7
4	9	6	2											8	6	3				
					4	9						7					4		3	5
1	2	8						4					1	2	9					
				5			8						6			7	1	8		4
2			7	1	9					1		2						3	1	9
	1			6					3	2	6		5				9			
						7								9						
								6	2		3	7								
								8	4		9	1								
9	8	1		3			2		7	3	1					7				
				1	9			3		9					3		5	9		
			6				9						3					5		1
	6		9					2									2	6	5	9
					5	3							7			5				
	9		1					8				1						7	2	4
			7					6										8		3
						7	8					8		3	2					5
5	7	2		8			3						5			6				

二十

十二字（12×12）数独

（NO.1346~NO.1367）

十二字（12×12）数独的规则和解题方法

十二字（12×12）数独共有十二行、十二列、十二宫。但是，它的十二宫不是正方形，而是3×4的长方形。图20-1所示为一个十二宫的例子，它共有12×12=144个小方格。

1. 十二字数独的规则

（1）每行12个小方格中的数字，1～12不重复；

（2）每列12个小方格中的数字，1～12不重复；

（3）每个宫阵中12个小方格中的数字，1～12不重复。

2. 解题方法

解十二字数独的方法与解常规数独方法相同。现以图20-1为例来说明解题的一种常用的方法。在该图上先用目的数标线法，从第十二列、第四行、第六行的9出发，引标线到第六宫，得（5，9）格数为9。再从第一列、第三列、第四列、第四行的1出发向第四宫引标线，得（5，2）格数为1。再从第十二列、第十一行、第十二行的11出发，向第十二宫引标线，得（10，11）格数为11。用同样的方法，可以找到另一些格子中的数。在此，就不再一一叙述了。

	第一列	第二列	第三列	第四列	第五列	第六列	第七列	第八列	第九列	第十列	第十一列	第十二列	
第一行			2		1	10				8		⑨	
第二行	4			9	12		7			1			第三宫
第三行			6	①					12				
第四行	⑨		12	2				5		11		①	
第五行	6	1					12		9	2	10		第六宫
第六行		10	4		⑨	1				12			
第七行			10				11	9		7	12		
第八行		2	①			7						⑪	第九宫
第九行	11		9		5				3	6		4	
第十行				6					8	4	11		
第十一行			⑪			12		3	5			7	第十二宫
第十二行	①		5				2	⑪			3		

图 20-1　十二字数独谜题及解题方法

7	5	2	12	1	10	3	6	11	8	4	9
4	11	3	9	12	5	7	8	2	1	6	10
10	8	6	1	11	2	9	4	12	3	7	5
9	7	12	2	3	6	10	5	4	11	8	1
6	1	8	5	4	11	12	7	9	2	10	3
3	10	4	11	9	1	8	2	7	12	5	6
5	6	10	4	2	3	11	9	1	7	12	8
8	2	1	3	6	7	4	12	10	5	9	11
11	12	9	7	5	8	1	10	3	6	2	4
12	3	7	6	10	9	5	1	8	4	11	2
2	4	11	10	8	12	6	3	5	9	1	7
1	9	5	8	7	4	2	11	6	10	3	12

图 20-2　十二字数独解题答案图

NO. 1346

7				1		11		5	8		6
		1	11			12			9	2	
8	9				4	3					1
		4	1	3		7				5	
12					5		8	10	6		
	2		5			1		7			9
			6			8	3	2		9	
3	12					4			10		11
2		9		6			11		3		
11	3				12	6		9	2		
			7	11		2	4		1		3
6		2		8					4	12	

NO. 1347

		11		12		8	3	2			
3	12					4			10	6	11
2		9		6			11		3		
11	3					6			2		[illegible]
5			7	11	9	2	4		1	[illegible]	[illegible]
		2		8					4	[illegible]	[illegible]
		1	11			12			[illegible]	[illegible]	[illegible]
	9				4	3	5		[illegible]	[illegible]	[illegible]
7			12	1		11		[illegible]	[illegible]	[illegible]	[illegible]
9		4	1	3		7	[illegible]	[illegible]	[illegible]	[illegible]	[illegible]
		7					[illegible]	[illegible]	[illegible]	[illegible]	[illegible]
	2		5		6	[illegible]	[illegible]	[illegible]	[illegible]	[illegible]	[illegible]

NO. 1348

			12		8				3	2	
	8	1				12	10			11	
4	7		5	6	9			12		10	8
6			8		1		4			12	11
9	5			11							7
		4				3	12	2		6	
	2			1	6	8		5			10
	9	5	10	2	11					3	
1										7	2
	3	11	4			1		7			
	[illegible]		2		7		6	10		1	3
[illegible]	[illegible]	[illegible]	[illegible]	10	2				11	5	

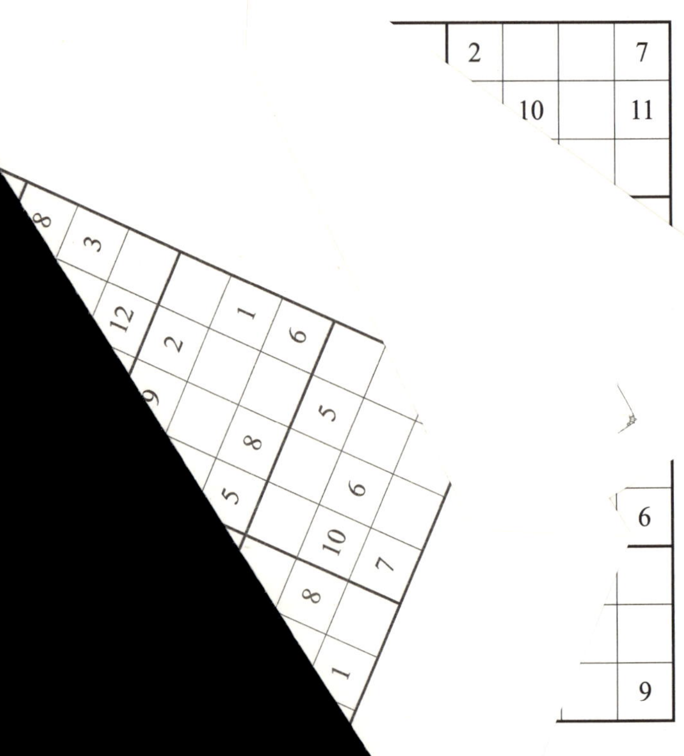

NO.1350

	3	2					12		8		
		11			8	1				12	10
12		10		4	7		5	6			
		12		6			8		1		4
			7	9	5						
2		6				4				3	12
5			10		2			1		8	
		3			9			2	11		
		7	2	1							
7					3	11				1	
10		1	3		12		2				6
	11	5			1			10	2		

NO.1351

1		11		7			12	5	8		6
		12				1	11		9	2	
10	4	3			9	6					1
3		7				4	1			5	
			8					10	6		
4		1			2	8	5	7			9
		8	3	1				2			
		4		3	12				10		11
6			11	2	7	9			3	8	
	12	6		11	3	10			2		
11		2	4				7		1		3
8						2			4	12	

NO. 1352

4	7		5	6				12		10	
			12		8				3	2	4
	8	1		3		12	10			11	
		4	1			3	12	2		6	
6			8		1	7	4			12	11
9	5										7
1			8				5			7	2
	2			1		8		5	12		10
	9		10	2	11					3	
	1			10	2			4	11	5	
	3	11				1		7			
	12		2				6	10		1	3

NO. 1353

12		10		4	7		5	6			11
	3	2					12		8		
6		11			8	1				12	10
2		6				4				3	12
		12		6		2	8		1		4
1			7	9	5			11			
		7	2	1				12			
5			10		2			1		8	
		3	1		9	5	10	2	11		
	11	5			1			10	2		3
7					3	11			12	1	
10			3		12		2				6

NO. 1354

	8				3	2					12
		12	10			11			8	1	
6				12		10		4	7		5
	1		4			12		6			8
							7	9	5		
		3	12	2		6				4	
1		8		5			10		2		
2	11					3			9		10
						7	2	1			
		1		7					3	11	
			6	10		1	3		12		2
10	2				11	5			1		

NO. 1355

7				5	8		6	1		11	
		1	11		9	2				12	
	9						1		4	3	
		4	1			5		3		7	
				10	6						8
	2		5	7			9			1	
				2						8	3
3	12				10		11			4	
2		9			3			6			11
11	3				2				12	6	
			7		1		3	11		2	4
		2			4	12		8			

NO. 1356

		6	1				4	12			
		2	12	1	10				8	4	9
4			9	12		7			1		
	10	4		9	1		2		12		
9		12	2				5		11		1
6						12			2	10	
11		9		5				3	6		4
		10				11	9		7	12	
	2	1		6	7						11
1		5				2	11			3	
	3		6					8	4		
		11			12		3	5			7

NO. 1357

1		8					10		2		11
2	11					3			9		10
			5		9	7	2	1			
		1	8	7					3	11	
			6	10		1	3		12		2
10	2				11	5		8	1		
	8				3	2					12
		12	10		7	11			8	1	
6			11	12		10		4	7		5
	1		4			12		6			8
		6					7	9	5		
		3	12	2	10	6				4	

NO. 1358

		9				6	1	12			
1	10				5	2			8		9
12		7		4			9		1	6	
9	1				10	4			12		
	6		5	9		12	2		11		
		12		6				9	2	10	
5				11		9		3	6		4
	3	11	9			10			7	12	
	7				2	1					11
		2	11	1		5				3	
		5					6	8	4		2
	12		3	2		11		5			7

NO. 1359

5	8		6	7				1		11	
	9	2				1	11			12	
			1		9				4	3	
		5				4	1	3		7	
10	6										8
7			9		2		5			1	
2										8	3
	10		11	3	12					4	
	3			2		9		6			11
	2			11	3				12	6	
	1		3				7	11		2	4
	4	12				2		8			

NO. 1360

	9	2				1	11			12	
			1		9				4	3	
5	8		6	7				1		11	
10	6										8
7			9		2		5			1	
		5				4	1	3		7	
	10		11	3	12					4	
	3			2		9		6			11
2										8	3
	1		3				7	11		2	4
	4	12				2		8			
	2			11	3				12	6	

NO. 1361

12		7		4			9		1		
1	10					2			8		9
						6	1	12			
		12		6					2	10	
			5	9		12	2		11		1
9	1				10	4			12		
	7				2	1					11
		11	9			10			7	12	
5				11		9		3	6		4
	12		3			11		5			7
							6	8	4		
		2	11	1		5				3	

NO. 1362

		1	11		9	2				12	
	9						1		4	3	
7				5	8		6	1		11	
				10	6						8
	2		5	7			9			1	
		4	1			5		3		7	
3	12				10		11			4	
2		9			3			6			11
				2						8	3
			7		1		3	11		2	4
		2			4	12		8			
11	3				2				12	6	

NO. 1363

						7	2	1		8	
2	11					3			9		10
1	6	8		5			10		2		
10	2				11	5			1		7
			6	10		1	3		12		2
5		1		7					3	11	
6				12		10		4	7		5
	4	12	10			11			8	1	
	8				3	2					12
		3	12	2		6				4	1
11							7	9	5		
	1		4	3		12		6			8

NO. 1364

4			9	12		7			1		
		2		1	10				8		9
		6	1					12			
6						12			2	10	
9		12	2				5		11		1
	10	4		9	1				12		
	2	1			7						11
		10				11	9		7	12	
11		9		5				3	6		4
		11			12		3	5			7
			6					8	4		
1		5				2	11			3	

NO. 1365

		7	2					1			
		3		2	11				9		10
5			10	1		8			2		
	11	5		10	2				1		
10		1	3				6		12		2
7						1			3	11	
12		10		6				4	7		5
		11				12	10		8	1	
	3	2			8						12
2		6				3	12			4	
			7					9	5		
		12			1		4	6			8

NO.1366

2		12		8				6	9		7
		1				2	12		10	3	
	5	4			10						2
4		8				5	2			6	
			9					11	7		
		2			3		6	8			10
		9	4					3			
		5		4	1				11		12
7			12	3		10			4		
	1	7		12	4				3		
12		3	5				8		2		4
9						3			5	1	

NO.1367

		9	4					3			
		5		4	1				11		12
7			12	3		10			4		
	1	7		12	4				3		
12		3	5				8		2		4
9						3			5	1	
		1				2	12		10	3	
	5	4			10						2
2		12		8				6	9		7
4		8				5	2			6	
			9					11	7		
		2			3		6	8			10

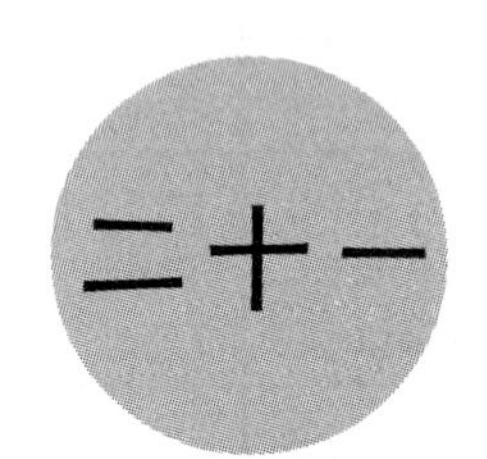

十六字（16×16）数独

（NO.1368~NO.1380）

十六字（16×16）数独的规则和解题方法

16×16 数独如图 21-1 所示，其性质为每行、每列以及 16 个 4×4 的方块中的数字 1 ~ 16 不重复，其解题方法与 9×9 普通数独相同。

9	4	7	1	12	16	8	2	10	13	3	6	5	11	14	15
12	8	10	15	4	7	11	3	5	9	14	1	2	16	13	6
13	6	11	14	9	1	15	5	7	8	2	16	4	3	10	12
5	3	2	16	10	14	13	6	15	4	12	11	9	1	7	8
11	15	3	10	7	13	6	8	4	14	5	9	16	12	2	1
1	9	14	2	16	10	5	4	6	15	11	12	8	13	3	7
8	7	12	6	1	15	3	11	2	16	13	10	14	4	9	5
4	16	5	13	14	9	2	12	8	1	7	3	6	10	15	11
3	10	9	12	2	6	14	15	1	7	16	4	11	5	8	13
14	1	15	8	3	5	4	7	11	6	10	13	12	9	16	2
6	2	13	11	8	12	16	10	3	5	9	14	7	15	1	4
7	5	16	4	13	11	1	9	12	2	8	15	3	14	6	10
15	13	4	9	5	8	12	1	14	3	6	2	10	7	11	16
16	14	8	5	6	4	10	13	9	11	15	7	1	2	12	3
10	11	6	3	15	2	7	14	16	12	1	5	13	8	4	9
2	12	1	7	11	3	9	16	13	10	4	8	15	6	5	14

图 21-1　16×16 数独

NO.1368

	10				3	16	9			2		1	8	11	14
6				12						11					
12									10			6	3	16	9
1										16					
										7			11		1
				13	2	7	12	8			1	10	5		
13			12						5						
8	11			10	5	4	15								
					9						13				8
	9					12			14						
	7				14				4	15		16		6	
							10						7		
		3	16		12				1	8			15	10	
	12	13			1	8		4	15				6		16
						10									

NO. 1369

	7	12		16		6	3			15			14	1	8
11		1	8			12	13			6		5			
				11	14	1	8		7				9		3
16								11		1				12	
	12	13			6		16			10					
				7	12			9			16	4	15	10	5
4			5			8			12						
9	6							14				7	12	13	2
					3		9				4		8		
	8			12	13				3	16		15		5	
	10		4	1		11			13	2			3		
6		16			10										7
												8			
		14	1		2	7			16	9			5		
	5	4			11		1	13	2				16	9	
3	16		6	10		4				14	1			7	12

NO. 1370

	10			1	8	11	14			2			3	16	9
6										11		12			
12		2			3	16	9		10					11	
1								6		16					
		4			11		1			7					
				10	5			8			1	13	2	7	12
13			12			9			5						
8	11									9		10	5	4	15
			10	11			8				13		9		
	9								14			2		12	
	7			16		6			4	15			14		
			8		7			16							10
											2	9			
		3	16		15	10		14	1	8			12		
	12	13			6		16	4	15				1	8	
14				7										10	

NO. 1371

	14		8		7			16	9	6	3			15	
				11										6	
16				5				11	14	1	8		7		
		12		16										1	
									6		16			10	
	15		5					7	12			9			16
9				4			5						12		
7		13		9	6										
	8										9				4
		5			8								3		
	3				10			1		11			13	2	
12	13		7						10						
10	5					14	1		2	7			16	9	
	16	9			5	4			11		1	13	2		
13		7												14	1

NO. 1372

		16			10			1	8	11	14			2	7
12				6										11	
1				12				6	3	16	9		10		4
15	10			1			14							16	
	16	9				4			11		1			7	
13			12		16			10	5			8			1
	11	14		13			12			9			5		
10			15	8	11									9	
	9				4		10				8				13
		12			9				4				14	1	
	14				7			16		6			4	15	
5			10				8		7						3
				4							11				
	12					3	16		15	10			1	8	
	1	8			12	13			6		16	4	15		
		10	5									9			

NO. 1373

		15			14	1	8		7		13	16	9	6	3
		6		5				11							13
	7		13			6		5		15	10	11		1	8
		1			2			16							
		10									2		6		16
9			16	4	15	10	5			8		7	12		
	12							4			5			8	
		8		7		13	2	9	6						5
			4		8		14	12			7	6			9
	3					5			8	11					7
	13	2			3				10			1		11	
			14	12			7				9		10		
			15	8					2		12	3			6
	16	9			5		15			14	1		2	7	
13	2				16	9			5	4			11		1
8						7									

NO. 1374

		2			3	16	9		10		4	1	8		14
1		11		12				6				16			
	10		4			11		12				6	3	16	9
		16					4	1			14				
		7							5				11		1
8	11		1	13	2	7						10	5		
	5							13			12				
			6	10	5	4	15	8	11	14			2		12
			13		9		3								8
	14	1				12			9				4		
	4	15			14				7	12		16		6	
				5			10				8		7		13
							16				5				11
	1	8			12					3	16		15	10	
4	15			7	1	8			12	13			6		16
9			16			10	5								2

NO. 1375

		15		16	9	6	3		7				14	1	8
		6						11				5			
	7			11	14	1	8	5							
		1						16							
		10			6		16								
9			16	7	12							4	15	10	5
	12							4			5				
								9	6			7	12	13	2
			4				9						8		
	3								8					5	
	13	2		1		11			10				3		
					10										7
	16	9			2	7				14	1		5		
13	2				11		1		5	4			16	9	
														7	

NO. 1376

○	5			○				○		9		○			
	16	2			5	15			6				11		
		9			16						8	17		12	3
							14								
○				○	1			○		11		○	7		2
	7	16		8						6	12			11	
		11			7							3	1		12
	1						8				2				15
○				○				⑨	14			②	13	7	
	13				8	10		12							11
	14	4													
		1							13						
○				○				⑪		14		○		13	
	2	13			15		10	6		3					4
11	9					13		5		8					1
				11				16		13					10

NO.1377

○				○				⑧		5		○		6	
	1	6			4		9	13							15
8	10					6				11					2
				8				3		6					9
○	14			○				○		10		○			
	3	1			14	4			13				8		
		10			3						11	2		7	16
							5			1					
○				○	2			○		8		○	12		1
	12	3		11						13	7		15		
		8			12										7
	2						10				1		9		4
○				○				⑩	5			①	6	12	
	6				11	9		7							8
	5	15													
		2							6						

NO. 1378

○				○			9	②				○	12		
	15	14		2		8				1	6		10	3	16
2	5				12	1			10	3				14	
			6					4				2			
○		16		○		9		⑤				⑫			
15		9			8		2		1	6				16	
		11								16			14		
	1			10		16		15				5		11	
○		13	10	○				○	11			①	6		12
14			15		11					7					
	11					7	12	3			10		9	4	15
		7		3		13			9						
○			3	○				○	2			○		12	
	4		14	11		5				12			13		
11			8						13		3				14
		12		16	13		3		4			11	2	5	

NO. 1379

○				③				○	9			○			5
3		13				4	15		11	2			6	7	
	9	4			11	2				7		3	16		
								3							
○		12		○				⑨				○	2		
	13		3		4	15				5	8			12	
						5			7			16		10	
11		5		6			1			10					
○				⑬				④	15		9	○		8	11
	10					14						7			6
		14	9	2			11	7		1					
2		8			12								15		
○		6		○	3			○				○			2
10		16				9			8				1		7
					8		2				7				13
	8		2		1			10	3	16				9	

NO. 1380

○	12			○	5		11	⑭			9	○	10		16
8				14		4				13					
14		4						1			6	8		2	
3						7									9
○	7			○	2	11		○		9		○	13		3
		11		15				10			3	12	7		
15			14						7					11	
10	13				7	6				11			4		
○		1		○	11			④			15	⑬			10
2	11					14			16						
	9		15		16				6	1		2		8	
				7			12						9		
⑥				○				○				○			
		5	2	9	14				3	10			1	12	
	14	15			3	10		6	1				8		2
						12					2				

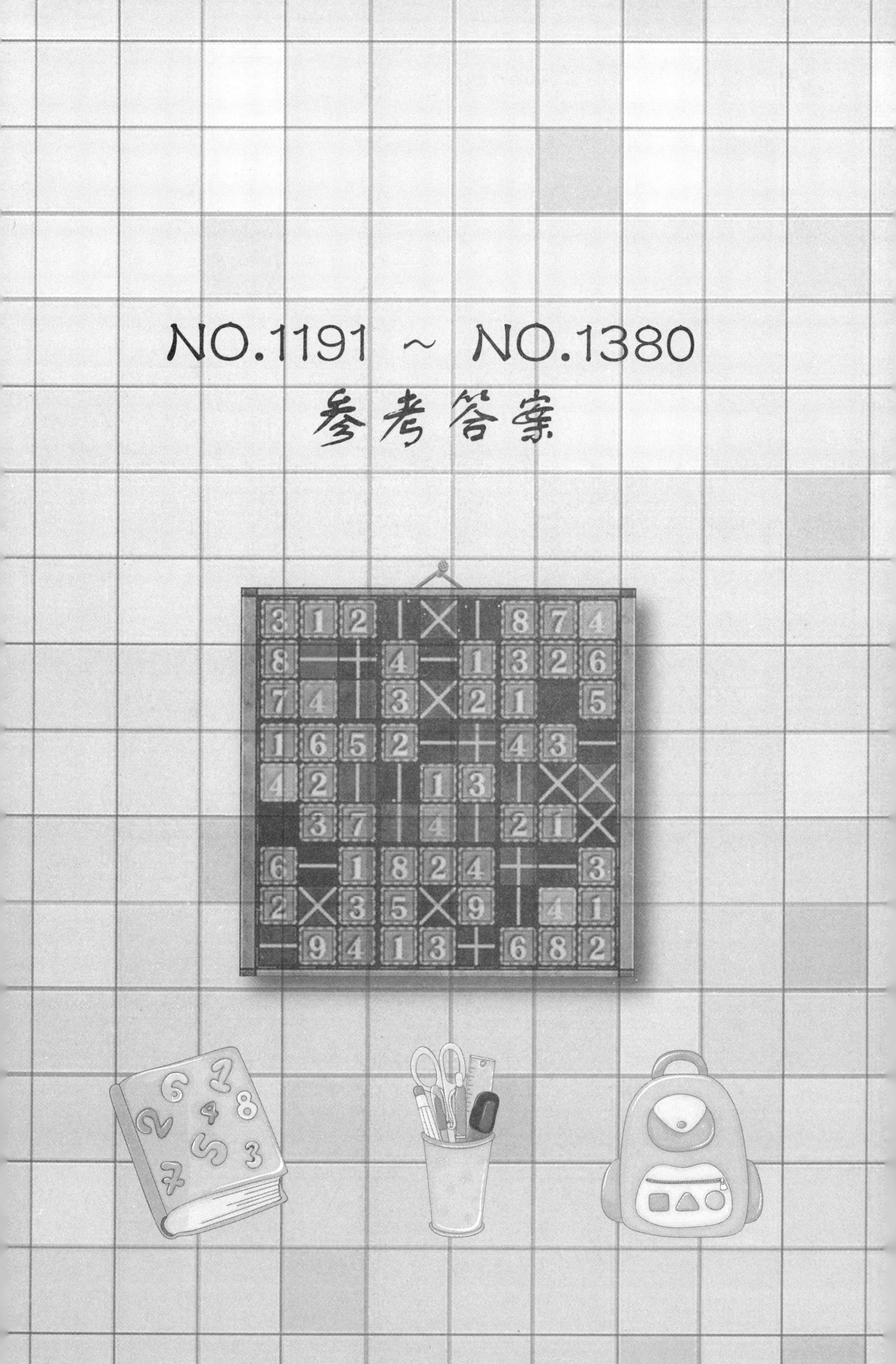

NO.1191 ~ NO.1380
参考答案

NO. 1191

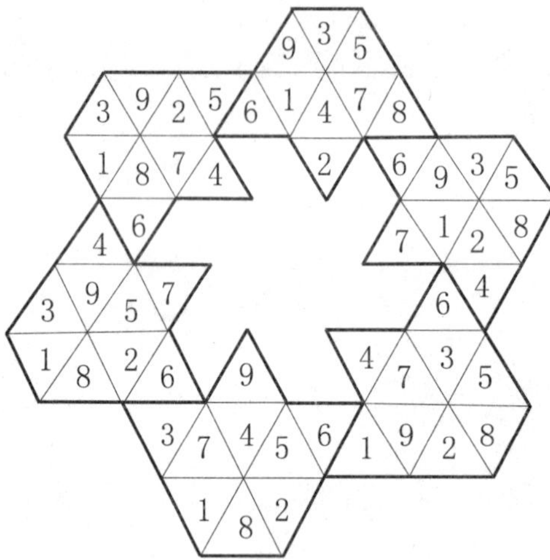

NO. 1192

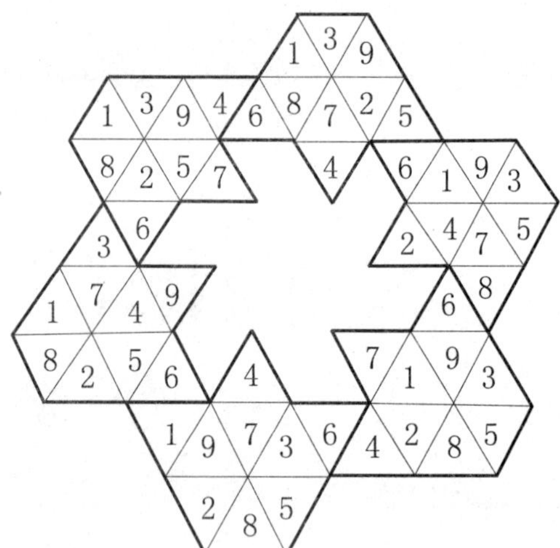

NO. 1193

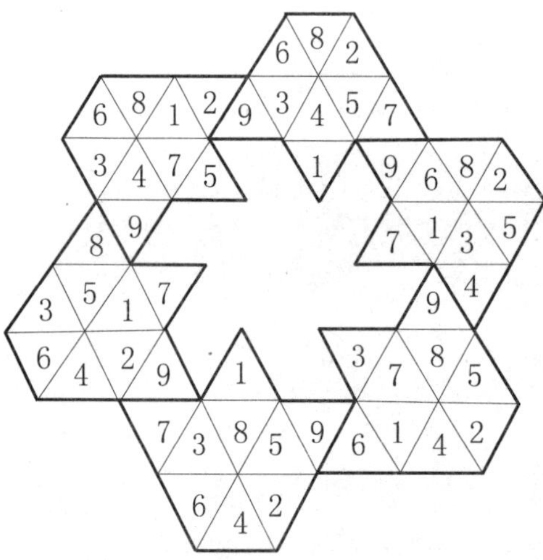

NO. 1194

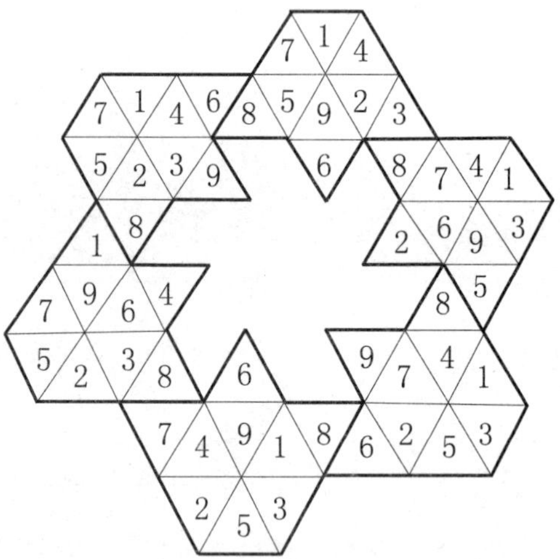

NO. 1195

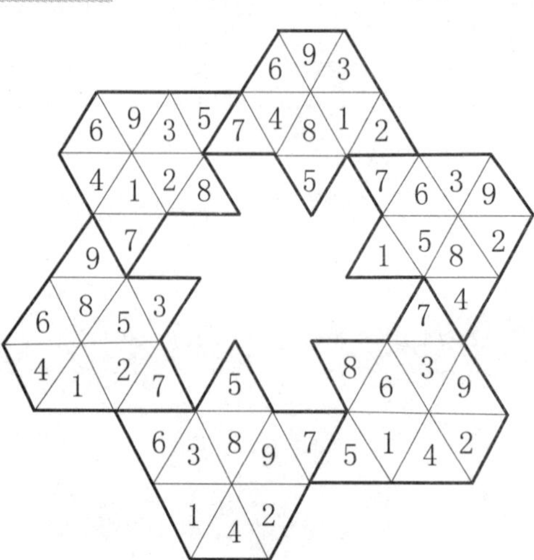

NO. 1196

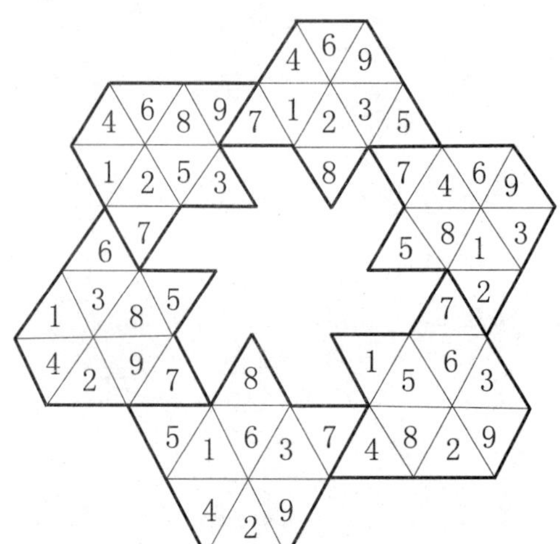

NO. 1197

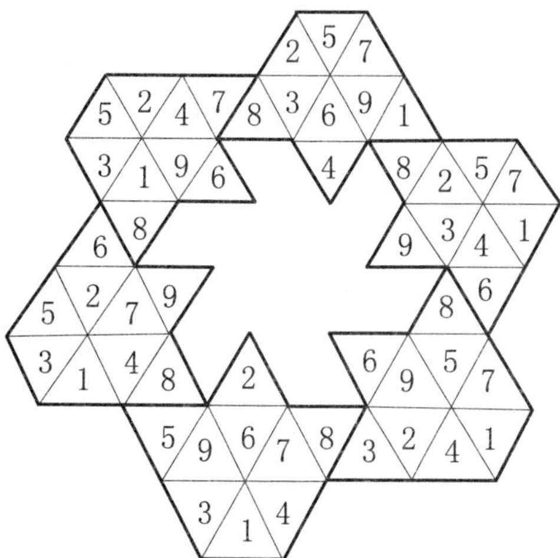

NO. 1198

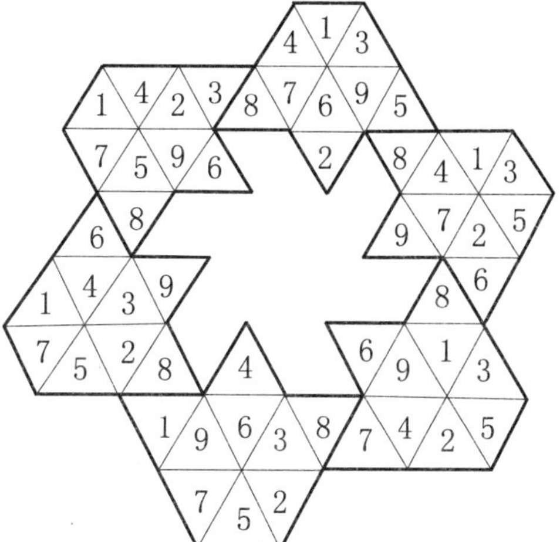

NO. 1199

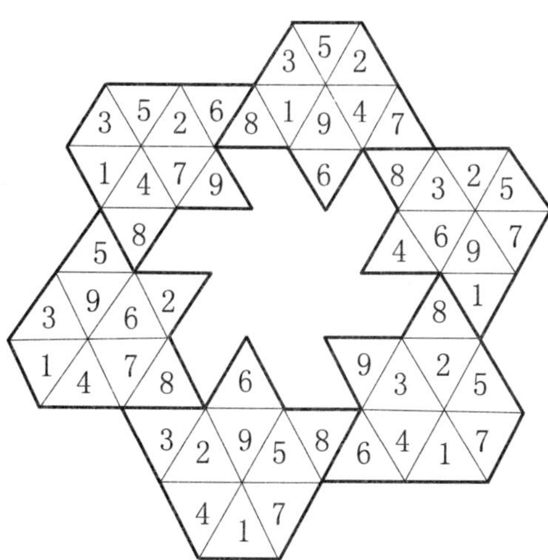

NO. 1200

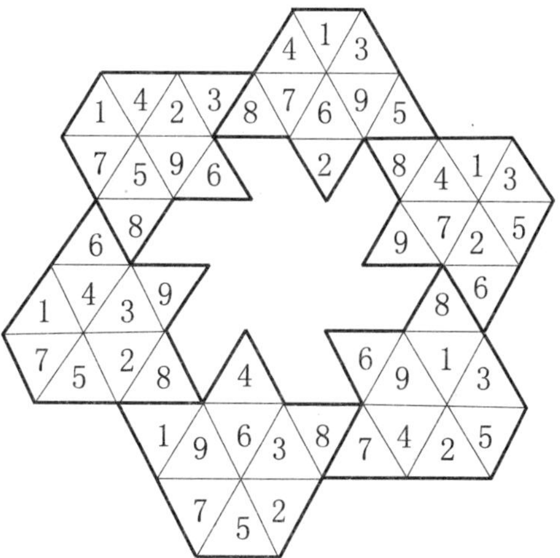

NO. 1201

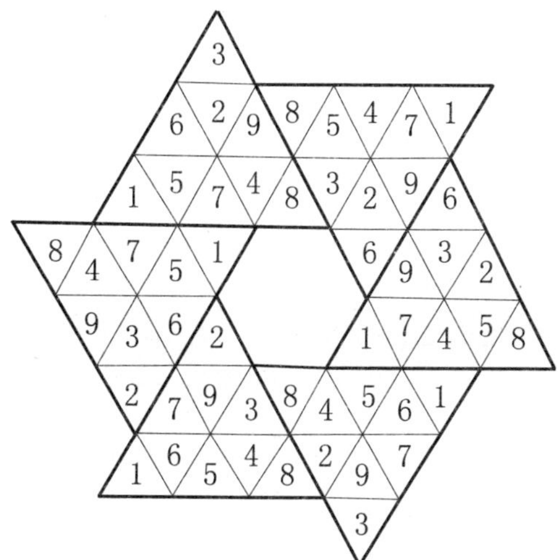

NO. 1202

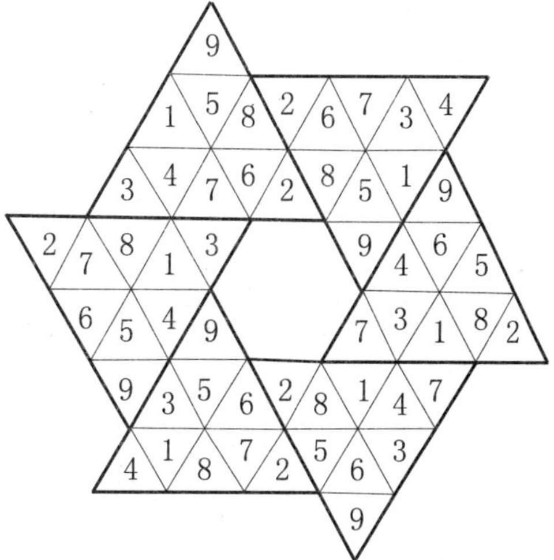

NO. 1203

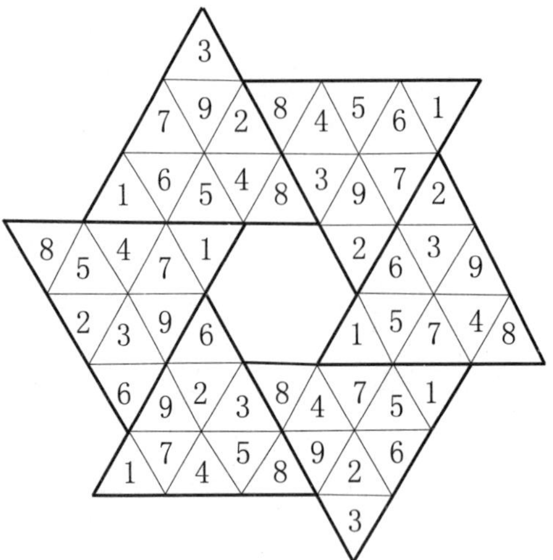

NO. 1204

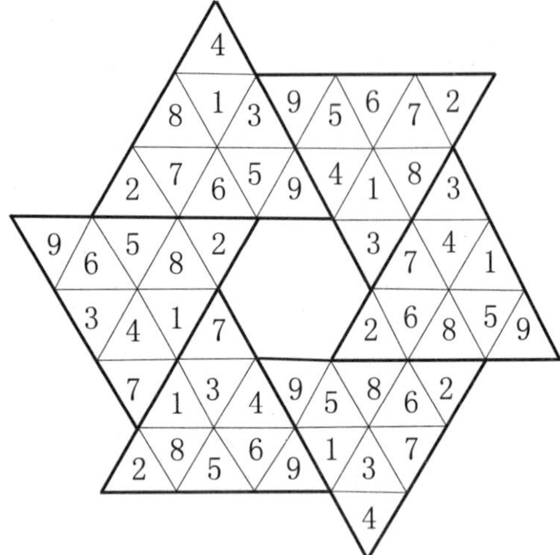

NO. 1205

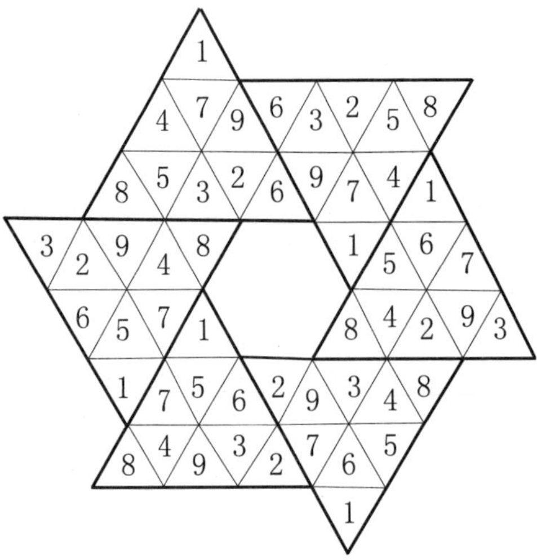

NO. 1206

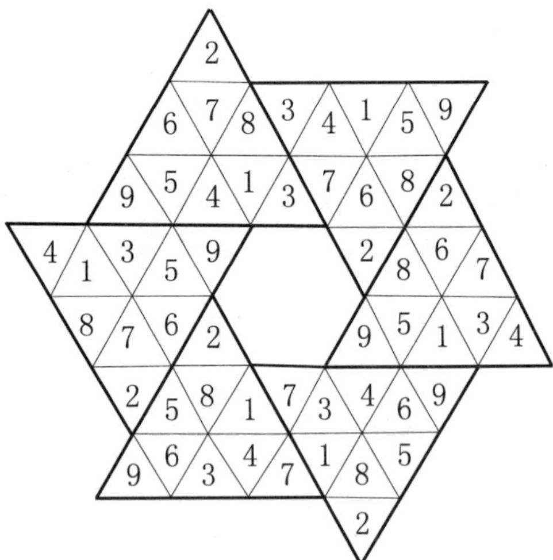

NO. 1207

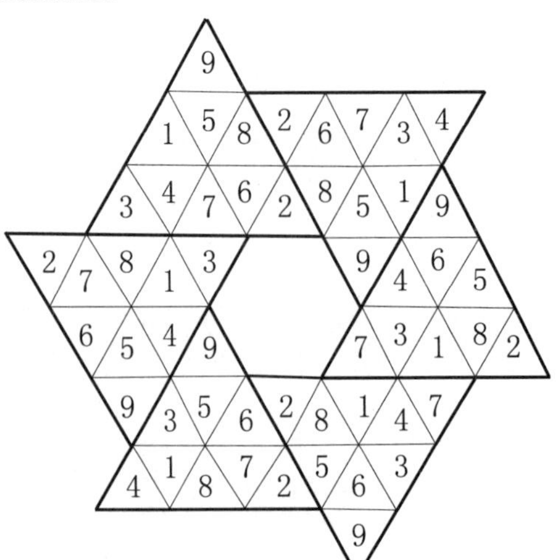

NO. 1208

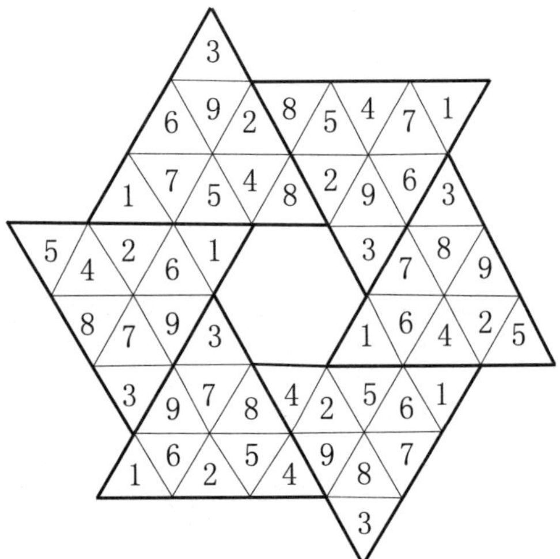

NO. 1209

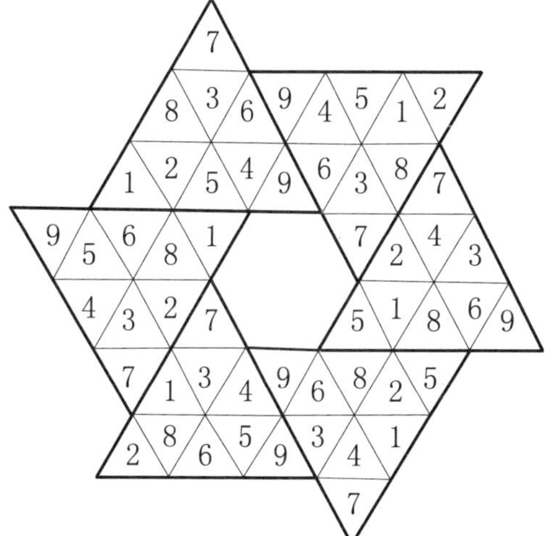

NO. 1210

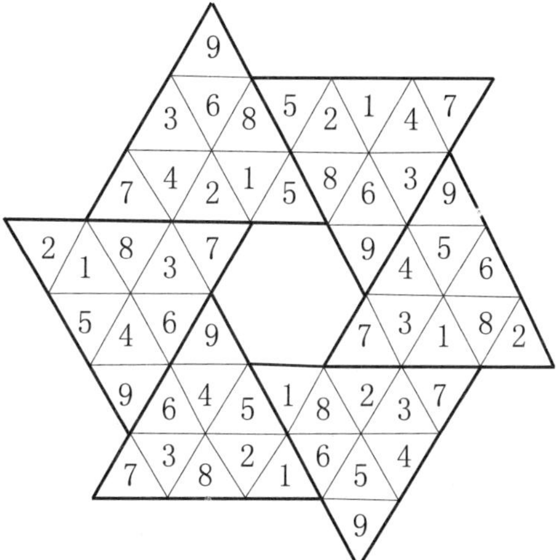

NO. 1211

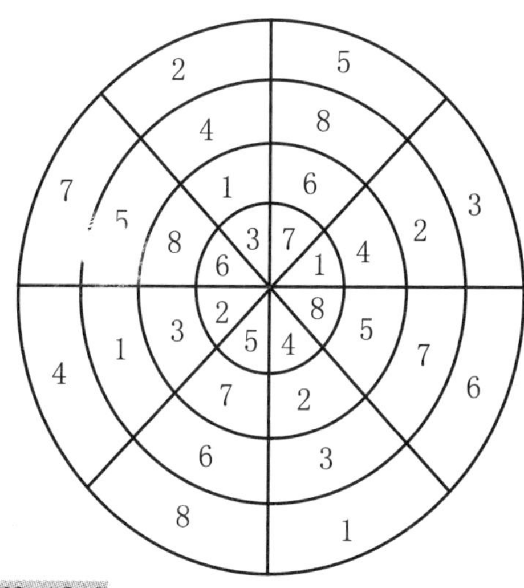

NO. 1212

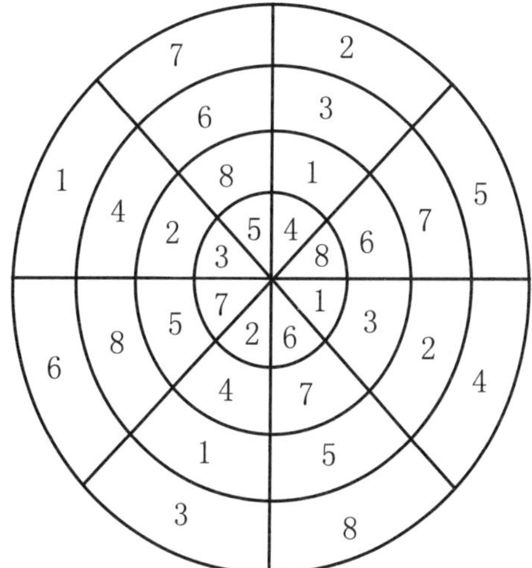

NO. 1213

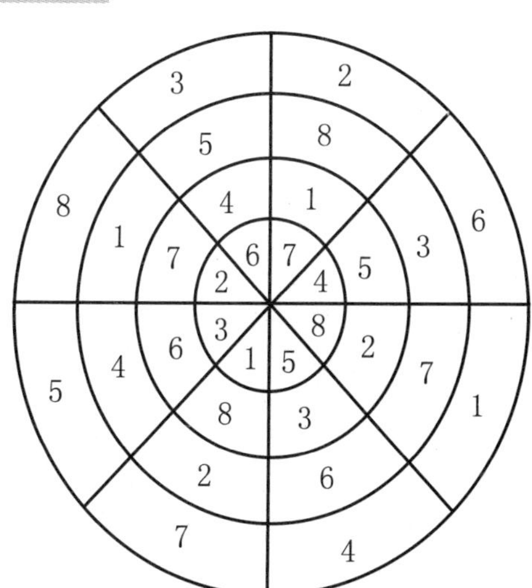

NO. 1214

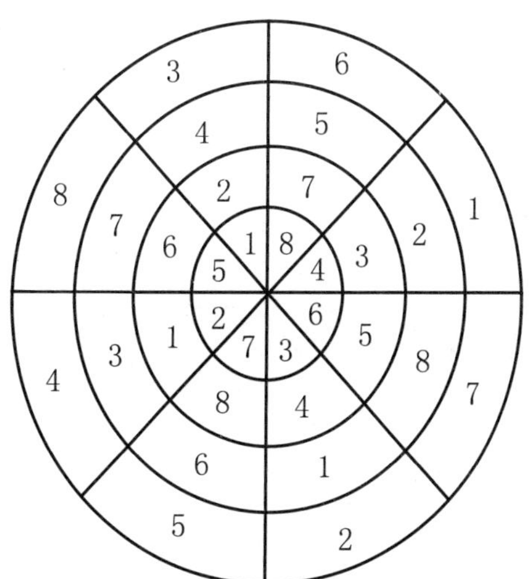

NO. 1215

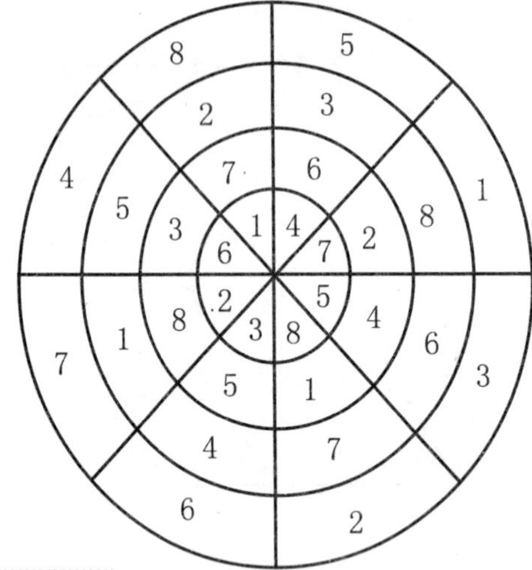

NO. 1216

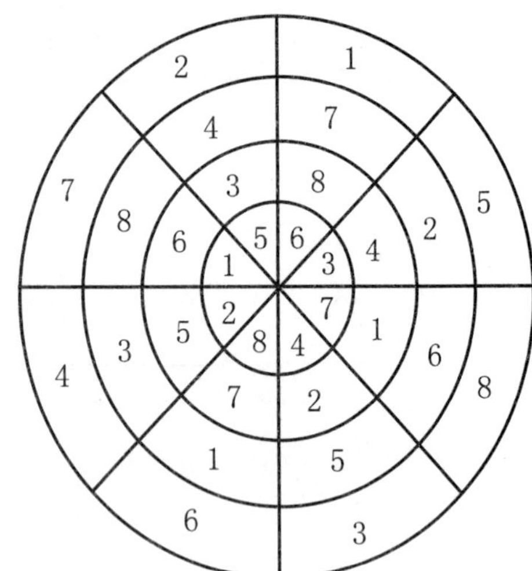

NO. 1217

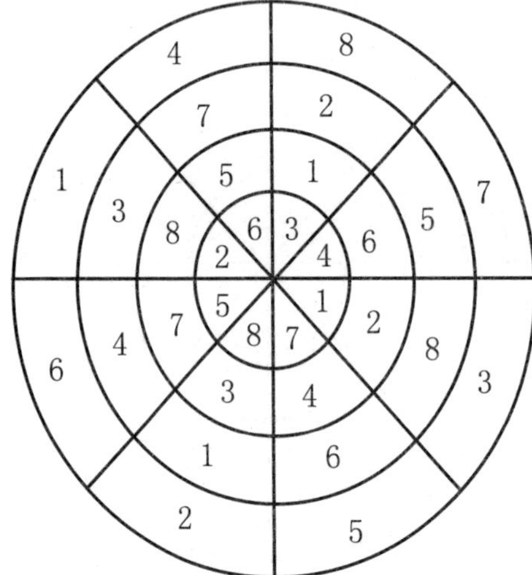

NO. 1218

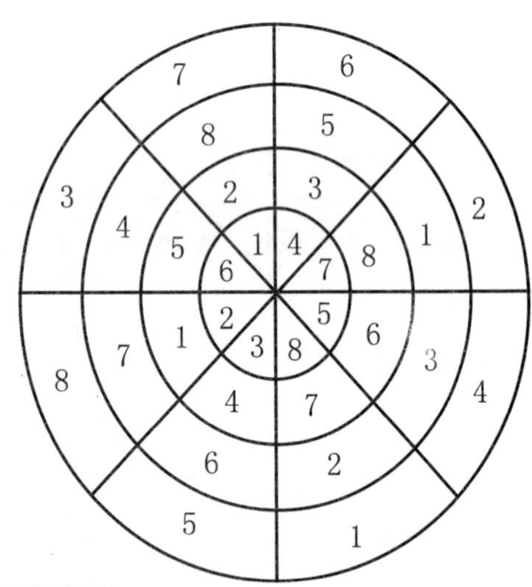

NO. 1219

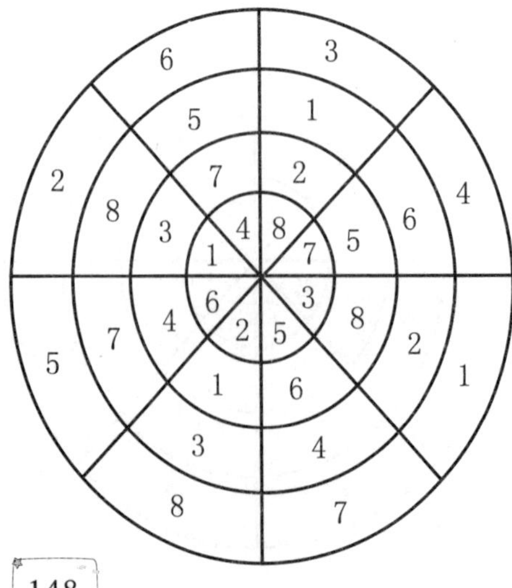

NO. 1220

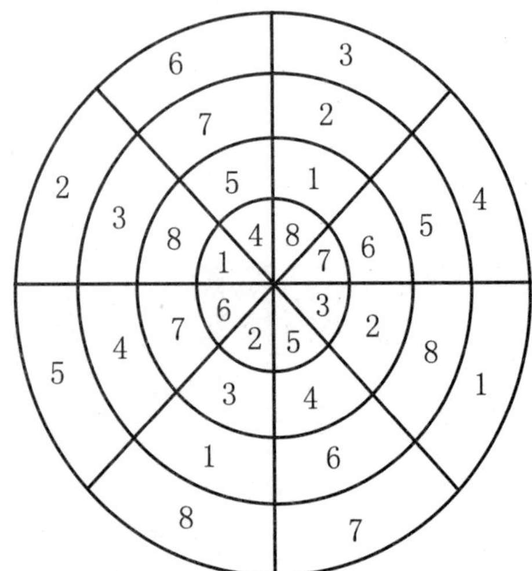

NO. 1221

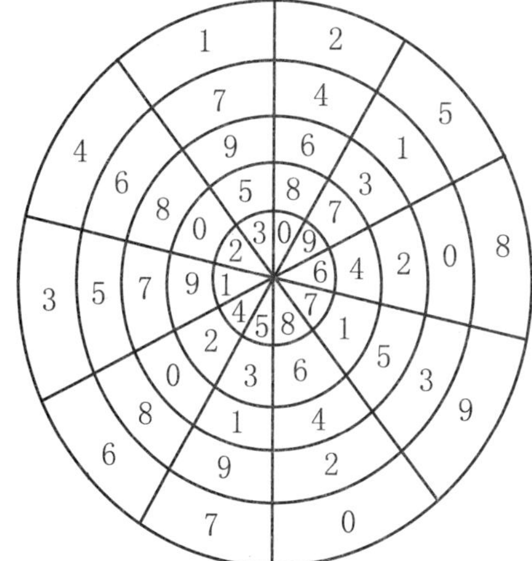

NO. 1222

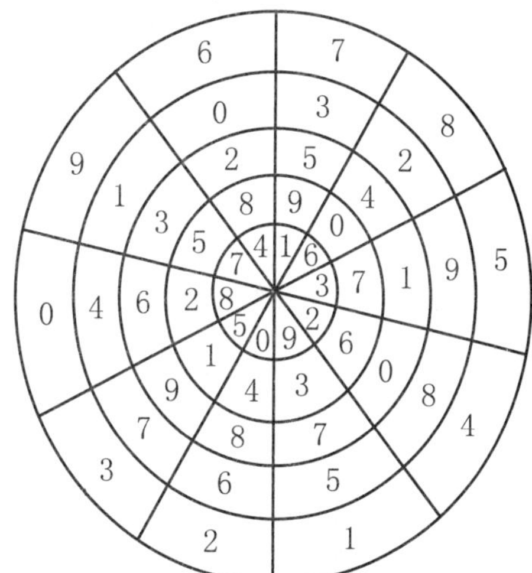

NO. 1223

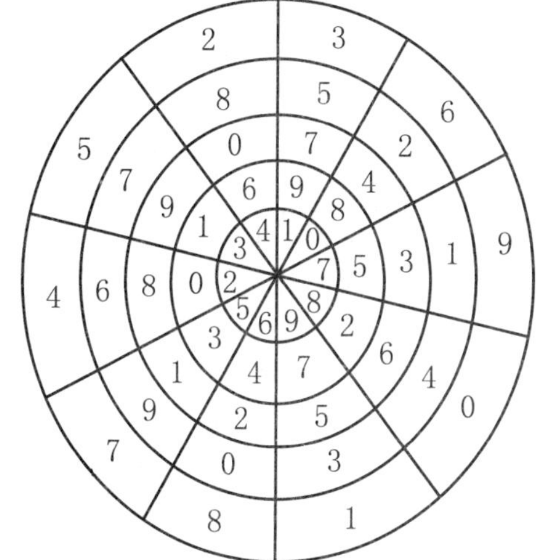

NO. 1224

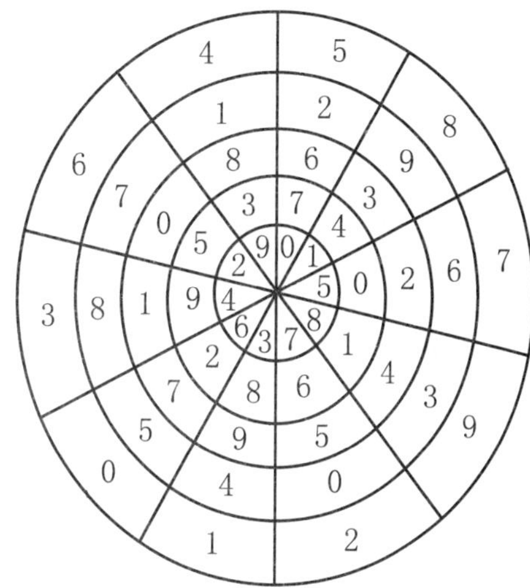

NO. 1225

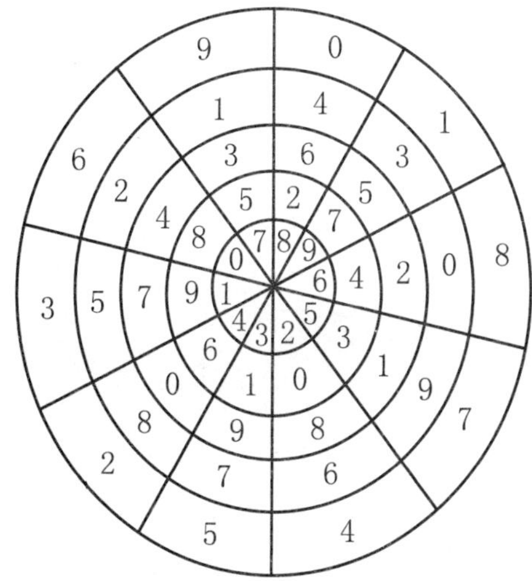

NO. 1226

NO. 1227

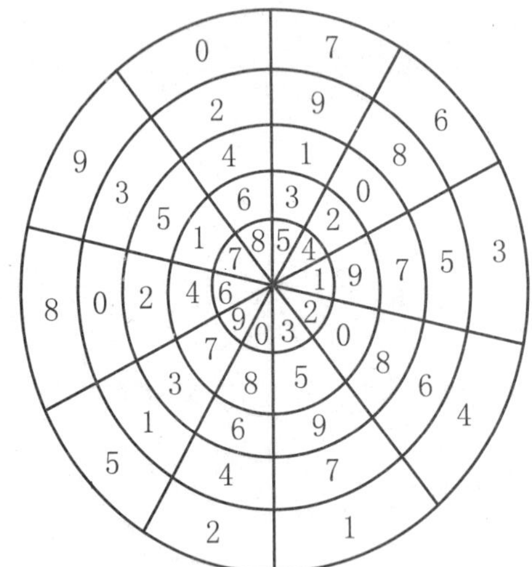

NO. 1228

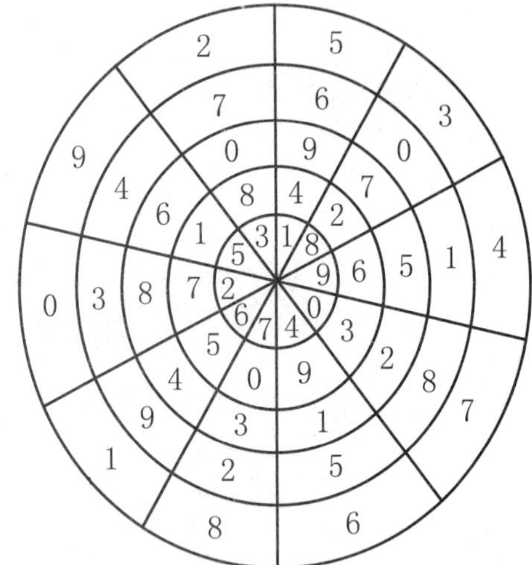

NO. 1229

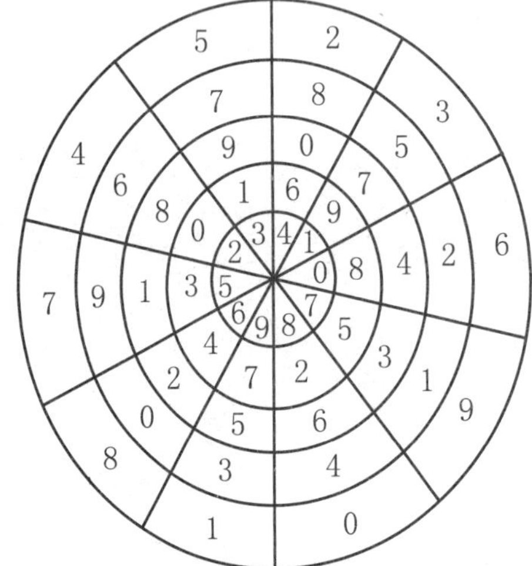

NO. 1230

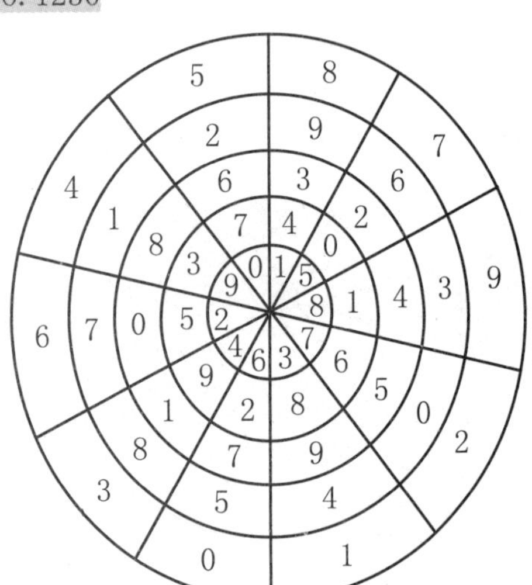

NO. 1231

9	8	7	6	3	4	5	2	1						
4	6	5	1	7	2	3	9	8						
2	1	3	8	5	9	7	4	6						
1	5	2	7	9	8	4	6	3						
8	3	9	5	4	6	2	1	7						
6	7	4	3	2	1	9	8	5						
3	4	6	2	1	5	8	7	9	2	4	3	5	1	6
7	2	1	9	8	3	6	5	4	9	8	1	3	2	7
5	9	8	4	6	7	1	3	2	7	6	5	4	9	8
						3	2	1	6	5	7	9	8	4
						7	9	8	4	3	2	1	6	5
						5	4	6	8	1	9	2	7	3
						4	6	5	1	9	8	7	3	2
						2	1	3	5	7	6	8	4	9
						9	8	7	3	2	4	6	5	1

“王”字数独

“王”字数独

NO. 1232

1	2	3	4	7	6	5	8	9						
6	4	5	9	3	8	7	1	2						
8	9	7	2	5	1	3	6	4						
9	5	8	3	1	2	6	4	7						
2	7	1	5	6	4	8	9	3						
4	3	6	7	8	9	1	2	5						
7	6	4	8	9	5	2	3	1	8	6	7	5	9	4
3	8	9	1	2	7	4	5	6	1	2	9	7	8	3
5	1	2	6	4	3	9	7	8	3	4	5	6	1	2
						7	8	9	4	5	3	1	2	6
						3	1	2	6	7	8	9	4	5
						5	6	4	2	9	1	8	3	7
						6	4	5	9	1	2	3	7	8
						8	9	7	5	3	4	2	6	1
						1	2	3	7	8	6	4	5	9

“王”字数独

“王”字数独

NO. 1233

7	8	9	4	3	6	1	2	5						
5	6	4	2	7	1	8	9	3						
3	1	2	9	5	8	6	4	7						
2	5	1	8	9	7	3	6	4						
9	3	8	6	4	5	7	1	2						
4	7	6	1	2	3	5	8	9						
6	4	3	5	1	2	9	7	8	3	4	2	6	1	5
1	2	7	3	8	9	4	5	6	1	8	9	7	2	3
8	9	5	7	6	4	2	3	1	5	6	7	8	9	4
						1	2	3	7	5	6	4	8	9
						8	9	7	2	3	4	5	6	1
						6	4	5	9	1	8	3	7	2
						5	6	4	8	9	1	2	3	7
						3	1	2	6	7	5	9	4	8
						7	8	9	4	2	3	1	5	6

“王”字数独

“王”字数独

NO. 1234

3	2	1	6	7	4	9	8	5						
5	4	6	8	3	9	2	1	7						
7	9	8	1	5	2	4	6	3						
8	5	9	2	1	3	7	4	6						
1	7	2	4	6	5	3	9	8						
6	3	4	9	8	7	5	2	1						
4	6	7	5	9	8	1	3	2	7	6	8	4	9	5
9	8	3	7	2	1	6	5	4	9	2	1	3	8	7
2	1	5	3	4	6	8	7	9	5	4	3	2	1	6
						9	8	7	3	5	4	6	2	1
						2	1	3	8	7	6	5	4	9
						4	6	5	1	9	2	7	3	8
						5	4	6	2	1	9	8	7	3
						7	9	8	4	3	5	1	6	2
						3	2	1	6	8	7	9	5	4

“王”字数独

“王”字数独

NO. 1235

8	7	9	3	4	6	2	1	5						
6	5	4	7	2	1	9	8	3						
1	3	2	5	9	8	4	6	7						
5	2	1	9	8	7	6	3	4						
3	9	8	4	6	5	1	7	2						
7	4	6	2	1	3	8	5	9						
4	6	3	1	5	2	7	9	8	4	3	2	1	6	5
2	1	7	8	3	9	5	4	6	8	1	9	2	7	3
9	8	5	6	7	4	3	2	1	6	5	7	9	8	4
						2	1	3	5	7	6	8	4	9
						9	8	7	3	2	4	6	5	1
						4	6	5	1	9	8	7	3	2
						6	5	4	9	8	1	3	2	7
						1	3	2	7	6	5	4	9	8
						8	7	9	2	4	3	5	1	6

“王”字数独

“王”字数独

NO. 1236

2	3	1	7	6	4	8	9	5						
4	5	6	3	8	9	1	2	7						
9	7	8	5	1	2	6	4	3						
5	8	9	1	2	3	4	7	6						
7	1	2	6	4	5	9	3	8						
3	6	4	8	9	7	2	5	1						
6	4	7	9	5	8	3	1	2	6	7	8	9	4	5
8	9	3	2	7	1	5	6	4	2	9	1	8	3	7
1	2	5	4	3	6	7	8	9	4	5	3	1	2	6
						8	9	7	5	3	4	2	6	1
						1	2	3	7	8	6	4	5	9
						6	4	5	9	1	2	3	7	8
						4	5	6	1	2	9	7	8	3
						9	7	8	3	4	5	6	1	2
						2	3	1	8	6	7	5	9	4

“王”字数独

“王”字数独

NO. 1237

7	3	5	2	4	9	6	8	1						
9	2	4	1	6	8	3	5	7						
8	1	6	5	7	3	4	9	2						
4	9	2	8	1	6	5	7	3						
6	8	1	7	3	5	2	4	9						
3	5	7	9	2	4	1	6	8						
1	6	8	3	5	7	9	2	4	1	6	8	5	7	3
5	7	3	4	9	2	8	1	6	3	5	7	4	9	2
2	4	9	6	8	1	7	3	5	2	4	9	6	8	1
						3	5	1	7	9	2	8	4	6
						2	7	9	6	8	4	1	3	5
						4	6	8	5	1	3	9	2	7
						6	8	7	4	3	5	2	1	9
						5	4	3	9	2	1	7	6	8
						1	9	2	8	7	6	3	5	4

“王”字数独

“王”字数独

NO. 1238

3	7	5	8	6	1	4	2	9						
1	8	6	9	4	2	7	5	3						
2	9	4	5	3	7	6	1	8						
6	1	8	2	9	4	5	3	7						
4	2	9	3	7	5	8	6	1						
7	5	3	1	8	6	9	4	2						
9	4	2	7	5	3	1	8	6	9	4	2	5	3	7
5	3	7	6	1	8	2	9	4	7	5	3	6	1	8
8	6	1	4	2	9	3	7	5	8	6	1	4	2	9
						7	5	9	3	1	8	2	6	4
						8	3	1	4	2	6	9	7	5
						6	4	2	5	9	7	1	8	3
						4	2	3	6	7	5	8	9	1
						5	6	7	1	8	9	3	4	2
						9	1	8	2	3	4	7	5	6

“王”字数独

“王”字数独

NO. 1239

7	3	5	6	8	1	2	4	9						
8	1	6	4	9	2	5	7	3						
9	2	4	3	5	7	1	6	8						
1	6	8	9	2	4	3	5	7						
2	4	9	7	3	5	6	8	1						
5	7	3	8	1	6	4	9	2						
4	9	2	5	7	3	8	1	6	4	9	2	3	5	7
3	5	7	1	6	8	9	2	4	5	7	3	1	6	8
6	8	1	2	4	9	7	3	5	6	8	1	2	4	9
						5	7	9	1	3	8	6	2	4
						3	8	1	2	4	6	7	9	5
						4	6	2	9	5	7	8	1	3
						2	4	3	7	6	5	9	8	1
						6	5	7	8	1	9	4	3	2
						1	9	8	3	2	4	5	7	6

“王”字数独

“王”字数独

NO. 1240

3	7	5	4	2	9	8	6	1						
2	9	4	6	1	8	5	3	7						
1	8	6	7	5	3	9	4	2						
9	4	2	1	8	6	7	5	3						
8	6	1	3	7	5	4	2	9						
5	3	7	2	9	4	6	1	8						
6	1	8	5	3	7	2	9	4	6	1	8	7	5	3
7	5	3	9	4	2	1	8	6	5	3	7	9	4	2
4	2	9	8	6	1	3	7	5	4	2	9	8	6	1
						5	3	1	9	7	2	4	8	6
						7	2	9	8	6	4	3	1	5
						6	4	8	1	5	3	2	9	7
						8	6	7	3	4	5	1	2	9
						4	5	3	2	9	1	6	7	8
						9	1	2	7	8	6	5	3	4

“王”字数独

“王”字数独

NO. 1241

9	4	2	5	3	7	1	8	6						
8	6	1	4	2	9	7	5	3						
3	7	5	6	1	8	2	9	4						
6	1	8	2	9	4	3	7	5						
5	3	7	1	8	6	9	4	2						
4	2	9	7	5	3	8	6	1						
7	5	3	8	6	1	4	2	9	3	7	5	8	6	1
2	9	4	3	7	5	6	1	8	2	9	4	7	5	3
1	8	6	9	4	2	5	3	7	1	8	6	9	4	2
						1	5	3	6	4	8	2	9	7
						9	7	2	5	3	1	4	8	6
						8	6	4	7	2	9	3	1	5
						7	8	6	9	1	2	5	3	4
						3	4	5	8	6	7	1	2	9
						2	9	1	4	5	3	6	7	8

“王”字数独

“王”字数独

NO. 1242

1	6	8	5	7	3	9	2	4						
2	4	9	6	8	1	3	5	7						
7	3	5	4	9	2	8	1	6						
4	9	2	8	1	6	7	3	5						
5	7	3	9	2	4	1	6	8						
6	8	1	3	5	7	2	4	9						
3	5	7	2	4	9	6	8	1	7	3	5	2	4	9
8	1	6	7	3	5	4	9	2	8	1	6	3	5	7
9	2	4	1	6	8	5	7	3	9	2	4	1	6	8
						9	5	7	4	6	2	8	1	3
						1	3	8	5	7	9	6	2	4
						2	4	6	3	8	1	7	9	5
						3	2	4	1	9	8	5	7	6
						7	6	5	2	4	3	9	8	1
						8	1	9	6	5	7	4	3	2

“王”字数独

“王”字数独

NO. 1243

5	7	3	9	2	4	1	6	8						
4	9	2	8	1	6	7	3	5						
6	8	1	3	5	7	2	4	9						
2	4	9	6	8	1	3	5	7						
1	6	8	5	7	3	9	2	4						
7	3	5	4	9	2	8	1	6						
8	1	6	7	3	5	4	9	2	8	1	6	3	5	7
3	5	7	2	4	9	6	8	1	7	3	5	2	4	9
9	2	4	1	6	8	5	7	3	9	2	4	1	6	8
						1	3	5	2	7	9	6	8	4
						9	2	7	4	6	8	5	1	3
						8	4	6	3	5	1	7	9	2
						7	6	8	5	4	3	9	2	1
						3	5	4	1	9	2	8	7	6
						2	1	9	6	8	7	4	3	5

“王”字数独

“王”字数独

NO. 1244

5	3	7	1	8	6	9	4	2						
6	1	8	2	9	4	3	7	5						
4	2	9	7	5	3	8	6	1						
8	6	1	4	2	9	7	5	3						
9	4	2	5	3	7	1	8	6						
3	7	5	6	1	8	2	9	4						
2	9	4	3	7	5	6	1	8	2	9	4	7	5	3
7	5	3	8	6	1	4	2	9	3	7	5	8	6	1
1	8	6	9	4	2	5	3	7	1	8	6	9	4	2
						9	7	5	8	3	1	4	2	6
						1	8	3	6	4	2	5	9	7
						2	6	4	7	5	9	3	1	8
						3	4	2	5	6	7	1	8	9
						7	5	6	9	1	8	2	3	4
						8	9	1	4	2	3	6	7	5

“王”字数独

“王”字数独

NO. 1245

5	3	7	9	4	2	1	8	6						
4	2	9	8	6	1	7	5	3						
6	1	8	3	7	5	2	9	4						
2	9	4	6	1	8	3	7	5						
1	8	6	5	3	7	9	4	2						
7	5	3	4	2	9	8	6	1						
8	6	1	7	5	3	4	2	9	8	6	1	3	7	5
3	7	5	2	9	4	6	1	8	7	5	3	2	9	4
9	4	2	1	8	6	5	3	7	9	4	2	1	8	6
						1	5	3	2	9	7	6	4	8
						9	7	2	4	8	6	5	3	1
						8	6	4	3	1	5	7	2	9
						7	8	6	5	3	4	9	1	2
						3	4	5	1	2	9	8	6	7
						2	9	1	6	7	8	4	5	3

“王”字数独

“王”字数独

NO. 1246

5	7	3	1	6	8	9	2	4						
6	8	1	2	4	9	3	5	7						
4	9	2	7	3	5	8	1	6						
8	1	6	4	9	2	7	3	5						
9	2	4	5	7	3	1	6	8						
3	5	7	6	8	1	2	4	9						
2	4	9	3	5	7	6	8	1	2	4	9	7	3	5
7	3	5	8	1	6	4	9	2	3	5	7	8	1	6
1	6	8	9	2	4	5	7	3	1	6	8	9	2	4
						9	5	7	8	1	3	4	6	2
						1	3	8	6	2	4	5	7	9
						2	4	6	7	9	5	3	8	1
						3	2	4	5	7	6	1	9	8
						7	6	5	9	8	1	2	4	3
						8	1	9	4	3	2	6	5	7

“王”字数独

“王”字数独

NO. 1247

1	8	6	5	3	7	9	4	2						
2	9	4	6	1	8	3	7	5						
7	5	3	4	2	9	8	6	1						
4	2	9	8	6	1	7	5	3						
5	3	7	9	4	2	1	8	6						
6	1	8	3	7	5	2	9	4						
3	7	5	2	9	4	6	1	8	7	5	3	2	9	4
8	6	1	7	5	3	4	2	9	8	6	1	3	7	5
9	4	2	1	8	6	5	3	7	9	4	2	1	8	6
						3	4	5	1	2	9	8	6	7
						7	8	6	5	3	4	9	1	2
						2	9	1	6	7	8	4	5	3
						9	7	2	4	8	6	5	3	1
						1	5	3	2	9	7	6	4	8
						8	6	4	3	1	5	7	2	9

“王”字数独

“王”字数独

NO. 1248

9	2	4	5	7	3	1	6	8						
8	1	6	4	9	2	7	3	5						
3	5	7	6	8	1	2	4	9						
6	8	1	2	4	9	3	5	7						
5	7	3	1	6	8	9	2	4						
4	9	2	7	3	5	8	1	6						
7	3	5	8	1	6	4	9	2	3	5	7	8	1	6
2	4	9	3	5	7	6	8	1	2	4	9	7	3	5
1	6	8	9	2	4	5	7	3	1	6	8	9	2	4
						7	6	5	9	8	1	2	4	3
						3	2	4	5	7	6	1	9	8
						8	1	9	4	3	2	6	5	7
						1	3	8	6	2	4	5	7	9
						9	5	7	8	1	3	4	6	2
						2	4	6	7	9	5	3	8	1

“王”字数独

“王”字数独

NO. 1249

1	8	6	5	3	7	9	4	2						
7	5	3	4	2	9	8	6	1						
2	9	4	6	1	8	3	7	5						
4	2	9	8	6	1	7	5	3						
6	1	8	3	7	5	2	9	4						
5	3	7	9	4	2	1	8	6						
3	7	5	2	9	4	6	1	8	7	5	3	2	9	4
9	4	2	1	8	6	5	3	7	9	4	2	1	8	6
8	6	1	7	5	3	4	2	9	8	6	1	3	7	5
						3	4	5	1	2	9	8	6	7
						2	9	1	6	7	8	4	5	3
						7	8	6	5	3	4	9	1	2
						9	7	2	4	8	6	5	3	1
						8	6	4	3	1	5	7	2	9
						1	5	3	2	9	7	6	4	8

“王”字数独

“王”字数独

NO. 1250

9	2	4	5	7	3	1	6	8						
3	5	7	6	8	1	2	4	9						
8	1	6	4	9	2	7	3	5						
6	8	1	2	4	9	3	5	7						
4	9	2	7	3	5	8	1	6						
5	7	3	1	6	8	9	2	4						
7	3	5	8	1	6	4	9	2	3	5	7	8	1	6
1	6	8	9	2	4	5	7	3	1	6	8	9	2	4
2	4	9	3	5	7	6	8	1	2	4	9	7	3	5
						7	6	5	9	8	1	2	4	3
						8	1	9	4	3	2	6	5	7
						3	2	4	5	7	6	1	9	8
						1	3	8	6	2	4	5	7	9
						2	4	6	7	9	5	3	8	1
						9	5	7	8	1	3	4	6	2

“王”字数独

“王”字数独

NO. 1251

9	6	5	7	4	1	8	3	2						
1	7	4	2	8	3	5	9	6						
3	2	8	6	5	9	4	1	7						
4	1	3	5	2	8	6	7	9						
8	5	2	9	6	7	3	4	1						
7	9	6	1	3	4	2	8	5						
2	8	7	3	9	6	1	5	4	6	3	9	8	7	2
6	3	9	4	1	5	7	2	8	5	4	1	3	9	6
5	4	1	8	7	2	9	6	3	2	8	7	4	1	5
						3	8	6	7	2	5	9	4	1
						4	1	9	8	6	3	2	5	7
						5	7	2	1	9	4	6	3	8
						2	9	7	4	1	8	5	6	3
						6	3	5	9	7	2	1	8	4
						8	4	1	3	5	6	7	2	9

“王”字数独

“王”字数独

NO. 1252

1	4	5	3	6	9	2	7	8						
9	3	6	8	2	7	5	1	4						
7	8	2	4	5	1	6	9	3						
6	9	7	5	8	2	4	3	1						
2	5	8	1	4	3	7	6	9						
3	1	4	9	7	6	8	2	5						
8	2	3	7	1	4	9	5	6	4	7	1	2	3	8
4	7	1	6	9	5	3	8	2	5	6	9	7	1	4
5	6	9	2	3	8	1	4	7	8	2	3	6	9	5
						7	2	4	3	8	5	1	6	9
						6	9	1	2	4	7	8	5	3
						5	3	8	9	1	6	4	7	2
						8	1	3	6	9	2	5	4	7
						4	7	5	1	3	8	9	2	6
						2	6	9	7	5	4	3	8	1

“王”字数独

“王”字数独

NO. 1253

3	2	8	6	5	9	4	1	7						
1	7	4	2	8	3	5	9	6						
9	6	5	7	4	1	8	3	2						
7	9	6	1	3	4	2	8	5						
8	5	2	9	6	7	3	4	1						
4	1	3	5	2	8	6	7	9						
5	4	1	8	7	2	9	6	3	2	8	7	4	1	5
6	3	9	4	1	5	7	2	8	5	4	1	3	9	6
2	8	7	3	9	6	1	5	4	6	3	9	8	7	2
						5	7	2	1	9	4	6	3	8
						4	1	9	8	6	3	2	5	7
						3	8	6	7	2	5	9	4	1
						8	4	1	3	5	6	7	2	9
						6	3	5	9	7	2	1	8	4
						2	9	7	4	1	8	5	6	3

“王”字数独

“王”字数独

NO. 1254

7	8	2	4	5	1	6	9	3						
9	3	6	8	2	7	5	1	4						
1	4	5	3	6	9	2	7	8						
3	1	4	9	7	6	8	2	5						
2	5	8	1	4	3	7	6	9						
6	9	7	5	8	2	4	3	1						
5	6	9	2	3	8	1	4	7	8	2	3	6	9	5
4	7	1	6	9	5	3	8	2	5	6	9	7	1	4
8	2	3	7	1	4	9	5	6	4	7	1	2	3	8
						5	3	8	9	1	6	4	7	2
						6	9	1	2	4	7	8	5	3
						7	2	4	3	8	5	1	6	9
						2	6	9	7	5	4	3	8	1
						4	7	5	1	3	8	9	2	6
						8	1	3	6	9	2	5	4	7

“王”字数独

“王”字数独

NO. 1255

2	1	5	8	7	9	3	4	6						
9	8	3	6	5	4	7	2	1						
4	6	7	1	3	2	5	9	8						
7	9	8	4	6	3	1	5	2						
5	4	6	2	1	7	8	3	9						
3	2	1	9	8	5	6	7	4						
6	3	4	5	2	1	9	8	7	3	2	4	6	5	1
1	7	2	3	9	8	4	6	5	1	9	8	7	3	2
8	5	9	7	4	6	2	1	3	5	7	6	8	4	9
						5	4	6	8	1	9	2	7	3
						3	2	1	6	5	7	9	8	4
						7	9	8	4	3	2	1	6	5
						1	3	2	7	6	5	4	9	8
						8	7	9	2	4	3	5	1	6
						6	5	4	9	8	1	3	2	7

“王”字数独

“王”字数独

NO. 1256

8	9	5	2	3	1	7	6	4						
1	2	7	4	5	6	3	8	9						
6	4	3	9	7	8	5	1	2						
3	1	2	6	4	7	9	5	8						
5	6	4	8	9	3	2	7	1						
7	8	9	1	2	5	4	3	6						
4	7	6	5	8	9	1	2	3	7	8	6	4	5	9
9	3	8	7	1	2	6	4	5	9	1	2	3	7	8
2	5	1	3	6	4	8	9	7	5	3	4	2	6	1
						5	6	4	2	9	1	8	3	7
						7	8	9	4	5	3	1	2	6
						3	1	2	6	7	8	9	4	5
						9	7	8	3	4	5	6	1	2
						2	3	1	8	6	7	5	9	4
						4	5	6	1	2	9	7	8	3

“王”字数独

“王”字数独

NO. 1257

4	6	7	1	3	2	5	9	8						
9	8	3	6	5	4	7	2	1						
2	1	5	8	7	9	3	4	6						
3	2	1	9	8	5	6	7	4						
5	4	6	2	1	7	8	3	9						
7	9	8	4	6	3	1	5	2						
8	5	9	7	4	6	2	1	3	5	7	6	8	4	9
1	7	2	3	9	8	4	6	5	1	9	8	7	3	2
6	3	4	5	2	1	9	8	7	3	2	4	6	5	1
						7	9	8	4	3	2	1	6	5
						3	2	1	6	5	7	9	8	4
						5	4	6	8	1	9	2	7	3
						6	5	4	9	8	1	3	2	7
						8	7	9	2	4	3	5	1	6
						1	3	2	7	6	5	4	9	8

“王”字数独

“王”字数独

NO. 1258

6	4	3	9	7	8	5	1	2						
1	2	7	4	5	6	3	8	9						
8	9	5	2	3	1	7	6	4						
7	8	9	1	2	5	4	3	6						
5	6	4	8	9	3	2	7	1						
3	1	2	6	4	7	9	5	8						
2	5	1	3	6	4	8	9	7	5	3	4	2	6	1
9	3	8	7	1	2	6	4	5	9	1	2	3	7	8
4	7	6	5	8	9	1	2	3	7	8	6	4	5	9
						3	1	2	6	7	8	9	4	5
						7	8	9	4	5	3	1	2	6
						5	6	4	2	9	1	8	3	7
						4	5	6	1	2	9	7	8	3
						2	3	1	8	6	7	5	9	4
						9	7	8	3	4	5	6	1	2

“王”字数独

“王”字数独

NO. 1259

4	6	7	1	3	2	5	9	8						
2	1	5	8	7	9	3	4	6						
9	8	3	6	5	4	7	2	1						
3	2	1	9	8	5	6	7	4						
7	9	8	4	6	3	1	5	2						
5	4	6	2	1	7	8	3	9						
8	5	9	7	4	6	2	1	3	5	7	6	8	4	9
6	3	4	5	2	1	9	8	7	3	2	4	6	5	1
1	7	2	3	9	8	4	6	5	1	9	8	7	3	2
						7	9	8	4	3	2	1	6	5
						5	4	6	8	1	9	2	7	3
						3	2	1	6	5	7	9	8	4
						6	5	4	9	8	1	3	2	1
						1	3	2	7	6	5	4	9	8
						8	7	9	2	4	3	5	1	6

“王”字数独

“王”字数独

NO. 1260

6	4	3	9	7	8	5	1	2						
8	9	5	2	3	1	7	6	4						
1	2	7	4	5	6	3	8	9						
7	8	9	1	2	5	4	3	6						
3	1	2	6	4	7	9	5	8						
5	6	4	8	9	3	2	7	1						
2	5	1	3	6	4	8	9	7	5	3	4	2	6	1
4	7	6	5	8	9	1	2	3	7	8	6	4	5	9
9	3	8	7	1	2	6	4	5	9	1	2	3	7	8
						3	1	2	6	7	8	9	4	5
						5	6	4	2	9	1	8	3	7
						7	8	9	4	5	3	1	2	6
						4	5	6	1	2	9	7	8	3
						9	7	8	3	4	5	6	1	2
						2	3	1	8	6	7	5	9	4

“王”字数独

“王”字数独

NO. 1261

9	8	3	6	5	4	7	2	1						
4	6	7	1	3	2	5	9	8						
2	1	5	8	7	9	3	4	6						
5	4	6	2	1	7	8	3	9						
3	2	1	9	8	5	6	7	4						
7	9	8	4	6	3	1	5	2						
1	7	2	3	9	8	4	6	5	1	9	8	7	3	2
8	5	9	7	4	6	2	1	3	5	7	6	8	4	9
6	3	4	5	2	1	9	8	7	3	2	4	6	5	1
						3	2	1	6	5	7	9	8	4
						7	9	8	4	3	2	1	6	5
						5	4	6	8	1	9	2	7	3
						8	7	9	2	4	3	5	1	6
						6	5	4	9	8	1	3	2	1
						1	3	2	7	6	5	4	9	8

“王”字数独

“王”字数独

NO. 1262

1	2	7	4	5	6	3	8	9						
6	4	3	9	7	8	5	1	2						
8	9	5	2	3	1	7	6	4						
5	6	4	8	9	3	2	7	1						
7	8	9	1	2	5	4	3	6						
3	1	2	6	4	7	9	5	8						
9	3	8	7	1	2	6	4	5	9	1	2	3	7	8
2	5	1	3	6	4	8	9	7	5	3	4	2	6	1
4	7	6	5	8	9	1	2	3	7	8	6	4	5	9
						7	8	9	4	5	3	1	2	6
						3	1	2	6	7	8	9	4	5
						5	6	4	2	9	1	8	3	7
						2	3	1	8	6	7	5	9	4
						4	5	6	1	2	9	7	8	9
						9	7	8	3	4	5	6	1	2

“王”字数独

“王”字数独

NO. 1263

9	8	3	6	5	4	7	2	1						
2	1	5	8	7	9	3	4	6						
4	6	7	1	3	2	5	9	8						
5	4	6	2	1	7	8	3	9						
7	9	8	4	6	3	1	5	2						
3	2	1	9	8	5	6	7	4						
1	7	2	3	9	8	4	6	5	1	9	8	7	3	2
6	3	4	5	2	1	9	8	7	3	2	4	6	5	1
8	5	9	7	4	6	2	1	3	5	7	6	8	4	9
						3	2	1	6	5	7	9	8	4
						5	4	6	8	1	9	2	7	3
						7	9	8	4	3	2	1	6	5
						8	7	9	2	4	3	5	1	6
						1	3	2	7	6	5	4	9	8
						6	5	4	9	8	1	3	2	7

“王”字数独

“王”字数独

NO. 1264

1	2	7	4	5	6	3	8	9						
8	9	5	2	3	1	7	6	4						
6	4	3	9	7	8	5	1	2						
5	6	4	8	9	3	2	7	1						
3	1	2	6	4	7	9	5	8						
7	8	9	1	2	5	4	3	6						
9	3	8	7	1	2	6	4	5	9	1	2	3	7	8
4	7	6	5	8	9	1	2	3	7	8	6	4	5	9
2	5	1	3	6	4	8	9	7	5	3	4	2	6	1
						7	8	9	4	5	3	1	2	6
						5	6	4	2	9	1	8	3	7
						3	1	2	6	7	8	9	4	5
						2	3	1	8	6	7	5	9	4
						9	7	8	3	4	5	6	1	2
						4	5	6	1	2	9	7	8	3

“王”字数独

“王”字数独

NO. 1265

2	1	5	8	7	9	3	4	6						
4	6	7	1	3	2	5	9	8						
9	8	3	6	5	4	7	2	1						
7	9	8	4	6	3	1	5	2						
3	2	1	9	8	5	6	7	4						
5	4	6	2	1	7	8	3	9						
6	3	4	5	2	1	9	8	7	3	2	4	6	5	1
8	5	9	7	4	6	2	1	3	5	7	6	8	4	9
1	7	2	3	9	8	4	6	5	1	9	8	7	3	2
						5	4	6	8	1	9	2	7	3
						7	9	8	4	3	2	1	6	5
						3	2	1	6	5	7	9	8	4
						1	3	2	7	6	5	4	9	8
						6	5	4	9	8	1	3	2	7
						8	7	9	2	4	3	5	1	6

“王”字数独

“王”字数独

NO. 1266

8	9	5	2	3	1	7	6	4						
6	4	3	9	7	8	5	1	2						
1	2	7	4	5	6	3	8	9						
3	1	2	6	4	7	9	5	8						
7	8	9	1	2	5	4	3	6						
5	6	4	8	9	3	2	7	1						
4	7	6	5	8	9	1	2	3	7	8	6	4	5	9
2	5	1	3	6	4	8	9	7	5	3	4	2	6	1
9	3	8	7	1	2	6	4	5	9	1	2	3	7	8
						5	6	4	2	9	1	8	3	7
						3	1	2	6	7	8	9	4	5
						7	8	9	4	5	3	1	2	6
						9	7	8	3	4	5	6	1	2
						4	5	6	1	2	9	7	8	3
						2	3	1	8	6	7	5	9	4

“王”字数独

“王”字数独

NO. 1267

4	6	3	7	9	8	1	5	2						
2	1	7	5	4	6	8	3	9						
9	8	5	3	2	1	6	7	4						
8	7	9	2	1	5	3	4	6						
6	5	4	9	8	3	7	2	1						
1	3	2	4	6	7	5	9	8						
5	2	1	6	3	4	9	8	7	6	5	1	3	2	4
3	9	8	1	7	2	4	6	5	7	3	2	1	9	8
7	4	6	8	5	9	2	1	3	8	4	9	5	7	6
						1	3	2	4	9	8	7	6	5
						8	7	9	5	1	6	2	4	3
						6	5	4	3	2	7	9	8	1
						5	4	6	2	7	3	8	1	9
						3	2	1	9	8	4	6	5	7
						7	9	8	1	6	5	4	3	2

“王”字数独

“王”字数独

NO. 1268

6	4	7	3	1	2	9	5	8						
8	9	3	5	6	4	2	7	1						
1	2	5	7	8	9	4	3	6						
2	3	1	8	9	5	7	6	4						
4	5	6	1	2	7	3	8	9						
9	7	8	6	4	3	5	1	2						
5	8	9	4	7	6	1	2	3	4	5	9	7	8	6
7	1	2	9	3	8	6	4	5	3	7	8	9	1	2
3	6	4	2	5	1	8	9	7	2	6	1	5	3	4
						9	7	8	6	1	2	3	4	5
						2	3	1	5	9	4	8	6	7
						4	5	6	7	8	3	1	2	9
						5	6	4	8	3	7	2	9	1
						7	8	9	1	2	6	4	5	3
						3	1	2	9	4	5	6	7	8

“王”字数独

“王”字数独

NO. 1269

9	7	8	6	4	3	5	1	2						
4	5	6	1	2	7	3	8	9						
2	3	1	8	9	5	7	6	4						
1	2	5	7	8	9	4	3	6						
8	9	3	5	6	4	2	7	1						
6	4	7	3	1	2	9	5	8						
3	6	4	2	5	1	8	9	7	2	3	4	5	6	1
7	1	2	9	3	8	6	4	5	9	1	8	3	7	2
5	8	9	4	7	6	1	2	3	7	5	6	4	8	9
						3	1	2	6	7	5	9	4	8
						7	8	9	4	2	3	1	5	6
						5	6	4	8	9	1	2	3	7
						4	5	6	1	8	9	7	2	3
						2	3	1	5	6	7	8	9	4
						9	7	8	3	4	2	6	1	5

“王”字数独

“王”字数独

NO. 1270

1	3	2	4	6	7	5	9	8						
6	5	4	9	8	3	7	2	1						
8	7	9	2	1	5	3	4	6						
9	8	5	3	2	1	6	7	4						
2	1	7	5	4	6	8	3	9						
4	6	3	7	9	8	1	5	2						
7	4	6	8	5	9	2	1	3	8	7	6	5	4	9
3	9	8	1	7	2	4	6	5	1	9	2	7	3	8
5	2	1	6	3	4	9	8	7	3	5	4	6	2	1
						7	9	8	4	3	5	1	6	2
						3	2	1	6	8	7	9	5	4
						5	4	6	2	1	9	8	7	3
						6	5	4	9	2	1	3	8	7
						8	7	9	5	4	3	2	1	6
						1	3	2	7	6	8	4	9	5

“王”字数独

“王”字数独

NO. 1271

5	1	9	3	8	4	7	6	2						
8	4	7	6	2	5	1	9	3						
2	3	6	9	7	1	4	5	8						
6	2	3	1	9	7	8	4	5						
9	5	1	4	3	8	2	7	6						
7	8	4	5	6	2	3	1	9						
4	7	8	2	5	6	9	3	1	8	4	2	7	6	5
3	6	2	7	1	9	5	8	4	1	7	6	2	9	3
1	9	5	8	4	3	6	2	7	3	5	9	4	1	8
						2	7	6	5	9	3	1	8	4
						3	1	9	4	2	8	6	5	7
						8	4	5	7	6	1	9	3	2
						4	5	8	6	1	7	3	2	9
						7	6	2	9	3	5	8	4	1
						1	9	3	2	8	4	5	7	6

“王”字数独

“王”字数独

NO. 1272

2	7	6	9	5	1	4	3	8						
8	1	5	6	2	3	1	9	7						
3	4	9	7	8	4	5	6	2						
1	9	3	8	4	7	6	2	5						
7	6	2	5	1	9	3	8	4						
4	5	8	2	3	6	9	7	1						
5	8	4	3	6	2	7	1	9	4	3	5	6	2	8
9	3	1	4	7	8	2	5	6	1	8	7	3	9	4
6	2	7	1	9	5	8	4	3	9	6	2	5	7	1
						3	8	4	2	9	6	1	5	7
						9	7	1	5	4	3	8	6	2
						6	2	5	7	1	8	4	3	9
						5	6	2	8	7	1	9	4	3
						4	3	8	6	2	9	7	1	5
						1	9	7	3	5	4	2	8	6

“王”字数独

“王”字数独

NO. 1273

8	3	4	1	5	9	6	7	2						
2	6	5	4	8	7	9	1	3						
7	9	1	3	2	6	5	4	8						
9	1	7	2	6	3	4	8	5						
3	4	8	5	9	1	7	2	6						
6	5	2	8	7	4	1	3	9						
5	2	6	7	4	8	3	9	1	6	7	5	4	8	2
1	7	9	6	3	2	8	5	4	9	2	3	7	1	6
4	8	3	9	1	5	2	6	7	1	4	8	5	3	9
						7	2	6	8	1	4	9	5	3
						1	3	9	5	6	7	2	4	8
						4	8	5	3	9	2	6	7	1
						5	4	8	2	3	9	1	6	7
						6	7	2	4	8	1	3	9	5
						9	1	3	7	5	6	8	2	4

“王”字数独

“王”字数独

NO. 1274

2	6	7	9	1	5	4	8	3						
8	5	1	6	3	2	1	7	9						
3	9	4	7	4	8	5	2	6						
1	3	9	8	7	4	6	5	2						
7	2	6	5	9	1	3	4	8						
4	8	5	2	6	3	9	1	7						
5	4	8	3	2	6	7	9	1	4	5	3	6	8	2
9	1	3	4	8	7	2	6	5	1	7	8	3	4	9
6	7	2	1	5	9	8	3	4	9	2	6	5	1	7
						3	4	8	2	6	9	1	7	5
						9	1	7	5	3	4	8	2	6
						6	5	2	7	8	1	4	9	3
						5	2	6	8	1	7	9	3	4
						4	8	3	6	9	2	7	5	1
						1	7	9	3	4	5	2	6	8

“王”字数独

“王”字数独

NO. 1275

8	4	3	1	9	5	6	2	7						
2	5	9	4	7	8	9	3	1						
7	1	6	3	6	2	5	8	4						
9	7	1	2	3	6	4	5	8						
3	8	4	5	1	9	7	6	2						
6	2	5	8	4	7	1	9	3						
5	6	2	7	8	4	3	1	9	6	5	7	4	2	8
1	9	7	6	2	3	8	4	5	9	3	2	7	6	1
4	3	8	9	5	1	2	7	6	1	8	4	5	9	3
						7	6	2	8	4	1	9	3	5
						1	9	3	5	7	6	2	8	4
						4	5	8	3	2	9	6	1	7
						5	8	4	2	9	3	1	7	6
						6	2	7	4	1	8	3	5	9
						9	3	1	7	6	5	8	4	2

“王”字数独

“王”字数独

NO. 1276

6	7	2	1	5	9	8	3	4						
5	4	8	3	2	6	7	9	1						
9	1	3	4	8	7	2	6	5						
3	9	1	7	4	8	5	2	6						
2	6	7	9	1	5	4	8	3						
8	5	4	6	3	2	1	7	9						
4	8	5	2	6	3	9	1	7	5	3	4	8	2	6
1	3	9	8	7	4	6	5	2	7	8	1	4	9	3
7	2	6	5	9	1	3	4	8	2	6	9	1	7	5
						4	8	3	6	9	2	7	5	1
						1	7	9	3	4	5	2	6	8
						5	2	6	8	1	7	9	3	4
						2	6	5	1	7	8	3	4	9
						8	3	4	9	2	6	5	1	7
						7	9	1	4	5	3	6	8	2

“王”字数独

“王”字数独

NO. 1277

4	3	8	9	5	1	2	7	6						
5	6	2	7	8	4	3	1	9						
1	9	7	6	2	3	8	4	5						
7	1	9	3	6	2	5	8	4						
8	4	3	1	9	5	6	2	7						
2	5	6	4	7	8	9	3	1						
6	2	5	8	4	7	1	9	3	5	7	6	2	8	4
9	7	1	2	3	6	4	5	8	3	2	9	6	1	7
3	8	4	5	1	9	7	6	2	8	4	1	9	3	5
						6	2	7	4	1	8	3	5	9
						9	3	1	7	6	5	8	4	2
						5	8	4	2	9	3	1	7	6
						8	4	5	9	3	2	7	6	1
						2	7	6	1	8	4	5	9	3
						3	1	9	6	5	7	4	2	8

“王”字数独

“王”字数独

NO. 1278

7	6	2	5	1	9	3	8	4						
1	5	8	2	3	6	9	7	1						
4	9	3	8	4	7	6	2	5						
9	3	1	4	7	8	2	5	6						
6	2	7	1	9	5	8	4	3						
5	8	4	3	6	2	7	1	9						
8	4	5	6	2	3	1	9	7	3	5	4	2	8	6
3	1	9	7	8	4	5	6	2	8	7	1	9	4	3
2	7	6	9	5	1	4	3	8	6	2	9	7	1	5
						8	4	3	9	6	2	5	7	1
						7	1	9	4	3	5	6	2	8
						2	5	6	1	8	7	3	9	4
						6	2	5	7	1	8	4	3	9
						3	8	4	2	9	6	1	5	7
						9	7	1	5	4	3	8	6	2

“王”字数独

“王”字数独

NO. 1279

3	4	8	5	9	1	7	2	6						
9	5	2	8	7	4	1	3	9						
6	1	7	2	6	3	4	8	5						
1	7	9	6	3	2	8	5	4						
4	8	3	9	1	5	2	6	7						
5	2	6	7	4	8	3	9	1						
2	6	5	4	8	7	9	1	3	7	5	6	8	2	4
7	9	1	3	2	6	5	4	8	2	3	9	1	6	7
8	3	4	1	5	9	6	7	2	4	8	1	3	9	5
						2	6	7	1	4	8	5	3	9
						3	9	1	6	7	5	4	8	2
						8	5	4	9	2	3	7	1	6
						4	8	5	3	9	2	6	7	1
						7	2	6	8	1	4	9	5	3
						1	3	9	5	6	7	2	4	8

“王”字数独

“王”字数独

NO. 1280

5	4	8	3	2	6	7	9	1						
6	7	2	1	5	9	8	3	4						
9	1	3	4	8	7	2	6	5						
4	3	9	8	7	4	6	5	2						
1	8	5	2	6	3	9	1	7						
7	2	6	5	9	1	3	4	8						
2	6	7	9	1	5	4	8	3	6	9	2	7	5	1
3	9	1	7	4	8	5	2	6	8	1	7	9	3	4
8	5	4	6	3	2	1	7	9	3	4	5	2	6	8
						9	1	7	5	3	4	8	2	6
						3	4	8	2	6	9	1	7	5
						6	5	2	7	8	1	4	9	3
						2	6	5	1	7	8	3	4	9
						7	9	1	4	5	3	6	8	2
						8	3	4	9	2	6	5	1	7

“王”字数独

“王”字数独

NO. 1281

5	6	2	7	8	4	3	1	9						
4	3	8	9	5	1	2	7	6						
1	9	7	6	2	3	8	4	5						
6	7	1	2	3	6	4	5	8						
9	2	5	8	4	7	1	9	3						
3	8	4	5	1	9	7	6	2						
8	4	3	1	9	5	6	2	7	4	1	8	3	5	9
7	1	9	3	6	2	5	8	4	2	9	3	1	7	6
2	5	6	4	7	8	9	3	1	7	6	5	8	4	2
						1	9	3	5	7	6	2	8	4
						7	6	2	8	4	1	9	3	5
						4	5	8	3	2	9	6	1	7
						8	4	5	9	3	2	7	6	1
						3	1	9	6	5	7	4	2	8
						2	7	6	1	8	4	5	9	3

“王”字数独

“王”字数独

NO. 1282

5	4	8	3	2	6	7	9	1						
9	1	3	4	8	7	2	6	5						
6	7	2	1	5	9	8	3	4						
4	3	9	8	7	4	6	5	2						
7	2	6	5	9	1	3	4	8						
1	8	5	2	6	3	9	1	7						
2	6	7	9	1	5	4	8	3	6	9	2	7	5	1
8	5	4	6	3	2	1	7	9	3	4	5	2	6	8
3	9	1	7	4	8	5	2	6	8	1	7	9	3	4
						9	1	7	5	3	4	8	2	6
						6	5	2	7	8	1	4	9	3
						3	4	8	2	6	9	1	7	5
						2	6	5	1	7	8	3	4	9
						8	3	4	9	2	6	5	1	7
						7	9	1	4	5	3	6	8	2

“王”字数独

“王”字数独

NO.1283

5	6	2	7	8	4	3	1	9						
1	9	7	6	2	3	8	4	5						
4	3	8	9	5	1	2	7	6						
6	7	1	2	3	9	4	5	8						
3	8	4	5	1	6	7	9	2						
9	2	5	8	4	7	1	6	3						
8	4	3	1	9	5	6	2	7	4	1	8	3	5	9
2	5	6	4	7	8	9	3	1	7	6	5	8	4	2
7	1	9	3	6	2	5	8	4	2	9	3	1	7	6
						1	9	3	5	7	6	2	8	4
						4	5	8	3	2	9	6	1	7
						7	6	2	8	4	1	9	3	5
						8	4	5	9	3	2	7	6	1
						2	7	6	1	8	4	5	9	3
						3	1	9	6	5	7	4	2	8

“王”字数独

“王”字数独

NO.1284

6	7	2	1	5	9	8	3	4						
9	1	3	4	8	7	2	6	5						
5	4	8	3	2	6	7	9	1						
1	8	5	2	6	3	9	4	7						
7	2	6	5	9	4	3	1	8						
4	3	9	8	7	1	6	5	2						
3	9	1	7	4	8	5	2	6	8	1	7	9	3	4
8	5	4	6	3	2	1	7	9	3	4	5	2	6	8
2	6	7	9	1	5	4	8	3	6	9	2	7	5	1
						3	4	8	2	6	9	1	7	5
						6	5	2	7	8	1	4	9	3
						9	1	7	5	3	4	8	2	6
						7	9	1	4	5	3	6	8	2
						8	3	4	9	2	6	5	1	7
						2	6	5	1	7	8	3	4	9

“王”字数独

“王”字数独

NO.1285

4	3	8	9	5	1	2	7	6						
1	9	7	6	2	3	8	4	5						
5	6	2	7	8	4	3	1	9						
9	2	5	8	4	7	1	6	3						
3	8	4	5	1	6	7	9	2						
6	7	1	2	3	9	4	5	8						
7	1	9	3	6	2	5	8	4	2	9	3	1	7	6
2	5	6	4	7	8	9	3	1	7	6	5	8	4	2
8	4	3	1	9	5	6	2	7	4	1	8	3	5	9
						7	6	2	8	4	1	9	3	5
						4	5	8	3	2	9	6	1	7
						1	9	3	5	7	6	2	8	4
						3	1	9	6	5	7	4	2	8
						2	7	6	1	8	4	5	9	3
						8	4	5	9	3	2	7	6	1

“王”字数独

“王”字数独

NO.1286

6	7	2	1	5	9	8	3	4						
5	4	8	3	2	6	7	9	1						
9	1	3	4	8	7	2	6	5						
4	8	5	2	6	3	9	1	7						
1	3	9	8	7	4	6	5	2						
7	2	6	5	9	1	3	4	8						
3	9	1	7	4	8	5	2	6	8	1	7	9	3	4
2	6	7	9	1	5	4	8	3	6	9	2	7	5	1
8	5	4	6	3	2	1	7	9	3	4	5	2	6	8
						3	4	8	2	6	9	1	7	5
						9	1	7	5	3	4	8	2	6
						6	5	2	7	8	1	4	9	3
						7	9	1	4	5	3	6	8	2
						2	6	5	1	7	8	3	4	9
						8	3	4	9	2	6	5	1	7

“王”字数独

“王”字数独

NO. 1287

4	3	8	9	5	1	2	7	6						
5	6	2	7	8	4	3	1	9						
1	9	7	6	2	3	8	4	5						
6	2	5	8	4	7	1	9	3						
9	7	1	2	3	6	4	5	8						
3	8	4	5	1	9	7	6	2						
7	1	9	3	6	2	5	8	4	2	9	3	1	7	6
8	4	3	1	9	5	6	2	7	4	1	8	3	5	9
2	5	6	4	7	8	9	3	1	7	6	5	8	4	2
						7	6	2	8	4	1	9	3	5
						1	9	3	5	7	6	2	8	4
						4	5	8	3	2	9	6	1	7
						3	1	9	6	5	7	4	2	8
						8	4	5	9	3	2	7	6	1
						2	7	6	1	8	4	5	9	3

“王”字数独

“王”字数独

NO. 1288

9	1	3	4	8	7	2	6	5						
5	4	8	3	2	6	7	9	1						
6	7	2	1	5	9	8	3	4						
7	2	6	5	9	1	3	4	8						
1	3	9	8	7	4	6	5	2						
4	8	5	2	6	3	9	1	7						
8	5	4	6	3	2	1	7	9	3	4	5	2	6	8
2	6	7	9	1	5	4	8	3	6	9	2	7	5	1
3	9	1	7	4	8	5	2	6	8	1	7	9	3	4
						6	5	2	7	8	1	4	9	3
						9	1	7	5	3	4	8	2	6
						3	4	8	2	6	9	1	7	5
						8	3	4	9	2	6	5	1	7
						2	6	5	1	7	8	3	4	9
						7	9	1	4	5	3	6	8	2

“王”字数独

“王”字数独

NO. 1289

1	9	7	6	2	3	8	4	5						
5	6	2	7	8	4	3	1	9						
4	3	8	9	5	1	2	7	6						
3	8	4	5	1	9	7	6	2						
9	7	1	2	3	6	4	5	8						
6	2	5	8	4	7	1	9	3						
2	5	6	4	7	8	9	3	1	7	6	5	8	4	2
8	4	3	1	9	5	6	2	7	4	1	8	3	5	9
7	1	9	3	6	2	5	8	4	2	9	3	1	7	6
						4	5	8	3	2	9	6	1	7
						1	9	3	5	7	6	2	8	4
						7	6	2	8	4	1	9	3	5
						2	7	6	1	8	4	5	9	3
						8	4	5	9	3	2	7	6	1
						3	1	9	6	5	7	4	2	8

“王”字数独

“王”字数独

NO. 1290

5	9	1	7	2	6	3	4	8						
2	6	3	4	8	5	9	1	7						
8	7	4	1	3	9	6	5	2						
4	8	7	9	1	3	2	6	5						
1	5	9	6	7	2	8	3	4						
3	2	6	5	4	8	7	9	1						
6	3	2	8	5	4	1	7	9	2	6	8	3	4	5
7	4	8	3	9	1	5	2	6	9	3	4	8	1	7
9	1	5	2	6	7	4	8	3	7	5	1	6	9	2
						8	3	4	5	1	7	9	2	6
						7	9	1	6	8	2	4	5	3
						2	6	5	3	4	9	1	7	8
						6	5	2	4	9	3	7	8	1
						3	4	8	1	7	5	2	6	9
						9	1	7	8	2	6	5	3	4

“王”字数独

“王”字数独

NO. 1291

5	2	4	8	9	1	3	6	7						
3	6	1	2	7	4	5	9	8						
8	9	7	3	6	5	2	4	1						
9	4	8	7	2	6	1	5	3						
7	5	6	1	8	3	4	2	9						
1	3	2	4	5	9	7	8	6						
6	7	5	9	1	2	8	3	4	9	7	5	6	1	2
4	1	9	5	3	8	6	7	2	8	4	1	5	3	9
2	8	3	6	4	7	9	1	5	6	3	2	8	7	4
						7	6	3	2	1	4	9	8	5
						4	2	1	5	9	8	3	6	7
						5	9	8	3	6	7	4	2	1
						3	4	7	1	5	6	2	9	8
						2	5	6	7	8	9	1	4	3
						1	8	9	4	2	3	7	5	6

NO. 1292

						2	9	5	1	7	3	8	4	6
						4	3	7	9	6	8	5	2	1
						1	6	8	2	4	5	9	3	7
						9	4	1	6	2	7	3	5	8
						7	2	3	8	5	4	1	6	9
						5	8	6	3	9	1	4	7	2
7	3	1	8	9	4	6	5	2	4	8	9	7	1	3
6	9	2	3	7	5	8	1	4	7	3	2	6	9	5
5	4	8	6	2	1	3	7	9	5	1	6	2	8	4
9	5	3	7	4	6	1	2	8						
8	6	4	1	5	2	7	9	3						
1	2	7	9	8	3	5	4	6						
2	1	6	4	3	7	9	8	5						
4	7	9	5	6	8	2	3	1						
3	8	5	2	1	9	4	6	7						

NO. 1293

						2	6	3	1	8	9	5	4	7
						9	5	8	4	7	3	6	1	2
						7	1	4	6	5	2	3	9	8
						4	9	1	8	3	7	2	5	6
						5	8	7	9	2	6	4	3	1
						3	2	6	5	1	4	7	8	9
3	8	6	5	7	9	1	4	2	7	9	5	8	6	3
7	1	5	8	2	4	6	3	9	2	4	8	1	7	5
9	4	2	6	3	1	8	7	5	3	6	1	9	2	4
5	7	4	3	8	6	2	9	1						
1	3	8	9	5	2	4	6	7						
6	2	9	1	4	7	5	8	3						
2	6	7	4	1	3	9	5	8						
8	9	1	7	6	5	3	2	4						
4	5	3	2	9	8	7	1	6						

NO. 1294

3	8	5	9	1	2	6	7	4						
9	4	1	3	6	7	2	8	5						
6	2	7	4	8	5	9	3	1						
2	6	9	7	3	1	4	5	8						
4	7	3	8	5	6	1	9	2						
5	1	8	2	9	4	3	6	7						
1	9	2	6	7	8	5	4	3	7	8	9	2	6	1
7	5	6	1	4	3	8	2	9	6	3	1	5	4	7
8	3	4	5	2	9	7	1	6	4	2	5	8	9	3
						1	8	7	3	4	6	9	5	2
						2	3	5	9	1	8	6	7	4
						6	9	4	2	5	7	3	1	8
						9	6	1	8	7	3	4	2	5
						3	5	2	1	9	4	7	8	6
						4	7	8	5	6	2	1	3	9

NO. 1295

						8	9	4	2	6	7	1	5	3
						7	3	5	4	8	1	6	2	9
						1	2	6	9	5	3	8	4	7
						5	7	2	3	9	8	4	6	1
						3	6	9	1	2	4	5	7	8
						4	8	1	6	7	5	9	3	2
7	8	4	2	5	6	9	1	3	5	4	2	7	8	6
5	3	2	7	9	1	6	4	8	7	3	9	2	1	5
1	6	9	3	8	4	2	5	7	8	1	6	3	9	4
9	7	8	6	4	3	1	2	5						
3	5	1	9	2	7	4	8	6						
2	4	6	5	1	8	7	3	9						
4	9	5	8	6	2	3	7	1	2	6	4	5	9	8
8	1	7	4	3	9	5	6	2	9	3	8	1	4	7
6	2	3	1	7	5	8	9	4	5	7	1	2	6	3
						9	4	5	1	8	2	7	3	6
						7	1	3	4	9	6	8	5	2
						6	2	8	7	5	3	4	1	9
						2	5	6	3	4	7	9	8	1
						4	8	7	6	1	9	3	2	5
						1	3	9	8	2	5	6	7	4

NO. 1296

						5	6	4	1	2	7	9	3	8
						3	8	7	9	4	6	1	2	5
						1	2	9	8	5	3	4	7	6
						2	9	6	5	7	8	3	4	1
						7	5	1	2	3	4	6	8	9
						4	3	8	6	1	9	7	5	2
7	5	9	4	8	2	6	1	3	7	8	2	5	9	4
2	3	6	9	7	1	8	4	5	3	9	1	2	6	7
8	4	1	6	5	3	9	7	2	4	6	5	8	1	3
9	6	4	8	3	7	2	5	1						
1	7	2	5	6	9	4	3	8						
3	8	5	2	1	4	7	9	6						
4	2	8	1	9	5	3	6	7	5	1	9	2	4	8
6	1	7	3	4	8	5	2	9	6	8	4	3	1	7
5	9	3	7	2	6	1	8	4	2	3	7	9	5	6
						9	3	2	7	5	8	4	6	1
						4	1	8	3	6	2	5	7	9
						7	5	6	4	9	1	8	3	2
						6	9	1	8	4	5	7	2	3
						8	7	5	1	2	3	6	9	4
						2	4	3	9	7	6	1	8	5

NO. 1297

4	1	9	5	3	8	6	7	2						
7	2	8	6	1	9	3	5	4						
5	6	3	2	4	7	8	1	9						
9	3	2	7	6	4	5	8	1						
8	7	5	3	2	1	9	4	6						
1	4	6	8	9	5	7	2	3						
3	8	4	1	7	6	2	9	5	1	7	3	8	4	6
6	5	1	9	8	2	4	3	7	9	6	8	5	2	1
2	9	7	4	5	3	1	6	8	2	4	5	9	3	7
						9	4	1	6	2	7	3	5	8
						7	2	3	8	5	4	1	6	9
						5	8	6	3	9	1	4	7	2
7	3	1	8	9	4	6	5	2	4	8	9	7	1	3
6	9	2	3	7	5	8	1	4	7	2	3	6	9	5
5	4	8	6	2	1	3	7	9	5	1	6	2	8	4
9	5	3	7	4	6	1	2	8						
8	6	4	1	5	2	7	9	3						
1	2	7	9	8	3	5	4	6						
2	1	6	4	3	7	9	8	5						
4	7	9	5	6	8	2	3	1						
3	8	5	2	1	9	4	6	7						

NO. 1298

						7	6	4	9	1	2	5	8	3
						1	3	2	8	6	5	9	7	4
						5	8	9	7	3	4	6	1	2
						6	4	5	3	8	9	7	2	1
						3	9	7	2	5	1	4	6	8
						8	2	1	6	4	7	3	5	9
4	8	2	6	1	5	9	7	3	1	2	6	8	4	5
5	9	6	2	3	7	4	1	8	5	7	3	2	9	6
3	1	7	9	8	4	2	5	6	4	9	8	1	3	7
2	7	4	1	9	3	6	8	5						
9	6	1	4	5	8	3	2	7						
8	5	3	7	2	6	1	4	9						
7	3	9	5	4	2	8	6	1	3	5	4	7	9	2
1	2	5	8	6	9	7	3	4	2	8	9	1	5	6
6	4	8	3	7	1	5	9	2	6	7	1	4	8	3
						3	2	7	5	9	8	6	4	1
						6	4	9	1	2	3	5	7	8
						1	8	5	4	6	7	2	3	9
						9	1	8	7	4	2	3	6	5
						2	7	6	8	3	5	9	1	4
						4	5	3	9	1	6	8	2	7

NO. 1299

2	3	1	9	7	8	4	5	6						
7	6	9	1	5	4	3	8	2						
4	8	5	6	3	2	7	1	9						
1	4	3	8	9	6	5	2	7						
9	5	2	7	4	3	1	6	8						
8	7	6	2	1	5	9	4	3						
3	1	8	4	6	9	2	7	5	4	6	8	9	3	1
5	2	7	3	8	1	6	9	4	7	1	3	5	2	8
6	9	4	5	2	7	8	3	1	5	2	9	7	6	4
						4	6	3	2	7	5	1	8	9
						9	2	7	8	4	1	3	5	6
						5	1	8	9	3	6	4	7	2
4	2	9	3	7	8	1	5	6	3	9	2	8	4	7
1	6	3	4	5	2	7	8	9	6	5	4	2	1	3
5	8	7	6	9	1	3	4	2	1	8	7	6	9	5
7	5	1	8	6	9	4	2	3						
8	4	2	7	1	3	9	6	5						
3	9	6	2	4	5	8	7	1						
9	7	4	5	3	6	2	1	8						
2	1	5	9	8	4	6	3	7						
6	3	8	1	2	7	5	9	4						

NO. 1300

1	4	3	8	9	6	5	2	7				6	9	3	5	4	1	2	8	7
9	5	2	7	4	3	1	6	8				8	4	7	3	6	2	5	9	1
8	7	6	2	1	5	9	4	3				1	5	2	9	7	8	4	3	6
2	3	1	9	7	8	4	5	6				3	8	9	7	2	6	1	4	5
7	6	9	1	5	4	3	8	2				4	7	6	8	1	5	3	2	9
4	8	5	6	3	2	7	1	9				2	1	5	4	9	3	6	7	8
3	1	8	4	6	9	2	7	5	4	6	8	9	3	1	6	8	4	7	5	2
5	2	7	3	8	1	6	9	4	7	1	3	5	2	8	1	3	7	9	6	4
6	9	4	5	2	7	8	3	1	5	2	9	7	6	4	2	5	9	8	1	3
						4	6	3	2	7	5	1	8	9						
						9	2	7	8	4	1	3	5	6						
						5	1	8	9	3	6	4	7	2						
						3	4	2	1	8	7	6	9	5						
						7	8	9	6	5	4	2	1	3						
						1	5	6	3	9	2	8	4	7						

NO. 1301

6	2	9	3	8	4	7	5	1				3	6	7	4	2	9	8	1	5
5	7	8	2	6	1	4	3	9				1	5	4	8	3	6	9	2	7
4	1	3	5	7	9	6	2	8				8	2	9	7	1	5	6	4	3
7	9	1	6	2	3	5	8	4				7	4	3	6	8	2	1	5	9
3	4	2	9	5	8	1	6	7				5	8	2	9	4	1	7	3	6
8	6	5	4	1	7	2	9	3				9	1	6	5	7	3	4	8	2
9	5	7	8	4	2	3	1	6	8	7	2	4	9	5	3	6	8	2	7	1
1	3	6	7	9	5	8	4	2	5	3	9	6	7	1	2	5	4	3	9	8
2	8	4	1	3	6	9	7	5	6	1	4	2	3	8	1	9	7	5	6	4
						7	5	4	9	2	8	3	1	6						
						2	9	1	4	6	3	8	5	7						
						6	3	8	7	5	1	9	2	4						
						4	2	3	1	8	5	7	6	9						
						5	6	9	2	4	7	1	8	3						
						1	8	7	3	9	6	5	4	2						

NO. 1302

3	1	9	2	6	8	4	7	5												
8	2	4	5	7	1	9	6	3												
5	7	6	3	9	4	2	8	1												
1	8	3	4	2	9	6	5	7												
7	9	5	6	1	3	8	2	4												
6	4	2	8	5	7	1	3	9												
4	3	7	1	8	2	5	9	6	7	8	1	2	4	3						
9	6	8	7	4	5	3	1	2	4	5	6	9	8	7						
2	5	1	9	3	6	7	4	8	2	9	3	6	5	1						
						6	5	3	1	4	8	7	2	9						
						2	7	4	6	3	9	8	1	5						
						9	8	1	5	7	2	3	6	4						
						4	6	7	9	2	5	1	3	8	7	2	5	4	9	6
						8	2	5	3	1	7	4	9	6	1	8	3	7	2	5
						1	3	9	8	6	4	5	7	2	9	6	4	8	1	3
												7	2	5	6	9	8	3	4	1
												3	4	9	5	1	2	6	7	8
												8	6	1	3	4	7	2	5	9
												9	1	7	2	3	6	5	8	4
												2	8	3	4	5	1	9	6	7
												6	5	4	8	7	9	1	3	2

NO. 1303

7	5	3	9	6	2	1	8	4												
2	1	4	5	3	8	7	9	6												
9	8	6	1	7	4	2	3	5												
6	9	5	2	1	3	8	4	7												
3	2	1	8	4	7	6	5	9												
8	4	7	6	9	5	3	2	1												
4	7	9	3	2	6	5	1	8	6	7	4	9	3	2						
5	6	2	4	8	1	9	7	3	1	5	2	6	8	4						
1	3	8	7	5	9	4	6	2	3	8	9	7	1	5						
						2	9	4	8	3	1	5	7	6						
						7	3	1	2	6	5	8	4	9						
						8	5	6	9	4	7	1	2	3						
						6	2	5	4	1	8	3	9	7	8	1	4	6	5	2
						1	4	7	5	9	3	2	6	8	3	5	7	1	9	4
						3	8	9	7	2	6	4	5	1	9	6	2	7	3	8
												1	3	9	6	4	8	2	7	5
												7	2	6	1	9	5	8	4	3
												8	4	5	2	7	3	9	1	6
												9	1	4	5	8	6	3	2	7
												6	7	2	4	3	9	5	8	1
												5	8	3	7	2	1	4	6	9

NO. 1304

2	9	3	8	1	4	5	7	6												
5	4	7	2	6	3	1	9	8												
8	6	1	5	9	7	4	2	3												
7	3	6	9	4	5	8	1	2												
9	8	5	1	7	2	6	3	4												
4	1	2	3	8	6	7	5	9												
1	7	9	6	3	8	2	4	5	6	9	3	7	8	1						
6	5	4	7	2	9	3	8	1	7	4	2	9	6	5						
3	2	8	4	5	1	9	6	7	5	8	1	3	2	4						
						4	2	9	1	5	7	8	3	6						
						7	5	8	3	6	4	1	9	2						
						6	1	3	8	2	9	4	5	7						
						8	3	2	4	1	6	5	7	9	6	1	3	4	8	2
						1	7	6	9	3	5	2	4	8	5	9	7	6	3	1
						5	9	4	2	7	8	6	1	3	2	4	8	7	5	9
												3	9	2	7	1	4	5	6	8
												4	8	5	3	2	6	1	9	7
												7	6	1	8	5	9	2	4	3
												8	2	6	9	7	5	3	1	4
												1	5	7	4	8	3	9	2	6
												9	3	4	1	6	2	8	7	5

NO. 1305

7	5	3	9	6	2	1	8	4												
2	1	4	5	3	8	7	9	6												
9	8	6	1	7	4	2	3	5												
6	9	5	2	1	3	8	4	7												
3	2	1	8	4	7	6	5	9												
8	4	7	6	9	5	3	2	1												
4	7	9	3	2	6	5	1	8	6	7	4	9	3	2						
5	6	2	4	8	1	9	7	3	1	5	2	6	8	4						
1	3	8	7	5	9	4	6	2	3	8	9	7	1	5						
						2	9	4	8	3	1	5	7	6						
						7	3	1	2	6	5	8	4	9						
						8	5	6	9	4	7	1	2	3						
						6	2	5	4	1	8	3	9	7	8	1	4	6	5	2
						1	4	7	5	9	3	2	6	8	3	5	7	1	9	4
						3	8	9	7	2	6	4	5	1	9	6	2	7	3	8
												1	3	9	6	4	8	2	7	5
												7	2	6	1	9	5	8	4	3
												8	4	5	2	7	3	9	1	6
												9	1	4	5	8	6	3	2	7
												6	7	2	4	3	9	5	8	1
												5	8	3	7	2	1	4	6	9

NO. 1306

						4	8	3	1	6	5	9	2	7						
						9	7	1	4	2	3	5	6	8						
						6	5	2	7	8	9	3	4	1						
						1	9	4	8	5	2	6	7	3						
						8	6	5	9	3	7	2	1	4						
						3	2	7	6	1	4	8	5	9						
8	6	4	7	5	3	2	1	9	5	7	8	4	3	6	8	9	1	5	2	7
7	3	9	8	2	1	5	4	6	3	9	1	7	8	2	3	6	5	1	4	9
5	1	2	4	9	6	7	3	8	2	4	6	1	9	5	4	2	7	8	6	3
6	4	5	9	8	2	1	7	3				8	1	3	9	4	6	7	5	2
3	7	1	6	4	5	9	8	2				5	9	2	7	1	8	6	3	4
2	9	8	1	3	7	4	6	5				6	7	4	5	3	2	9	8	1
4	2	3	5	1	8	6	9	7	1	5	3	2	4	8	6	7	9	3	1	5
1	8	7	2	6	9	3	5	4	8	7	2	9	6	1	2	5	3	4	7	8
9	5	6	3	7	4	8	2	1	9	4	6	3	5	7	1	8	4	2	9	6
						5	1	6	2	9	7	4	8	3						
						4	8	3	6	1	5	7	9	2						
						9	7	2	4	3	8	5	1	6						
						1	3	9	7	6	4	8	2	5						
						2	4	5	3	8	1	6	7	9						
						7	6	8	5	2	9	1	3	4						

NO. 1307

						2	1	5	9	6	3	7	8	4						
						9	7	6	1	4	8	3	2	5						
						4	3	8	7	2	5	9	6	1						
						5	9	4	2	7	6	1	3	8						
						1	8	2	5	3	4	6	7	9						
						7	6	3	8	9	1	4	5	2						
9	7	5	8	6	4	3	2	1	6	8	9	5	4	7	9	1	2	6	3	8
8	4	1	9	3	2	6	5	7	4	1	2	8	9	3	4	7	6	2	5	1
6	2	3	5	1	7	8	4	9	3	5	7	2	1	6	5	3	8	9	7	4
7	5	6	1	9	3	2	8	4				9	2	4	1	5	7	8	6	3
4	8	2	7	5	6	1	9	3				6	3	1	8	2	9	7	4	5
3	1	9	2	4	8	5	7	6				7	8	5	6	4	3	1	9	2
5	3	4	6	2	9	7	1	8	2	6	4	3	5	9	7	8	1	4	2	6
2	9	8	3	7	1	4	6	5	9	8	3	1	7	2	3	6	4	5	8	9
1	6	7	4	8	5	9	3	2	1	5	7	4	6	8	2	9	5	3	1	7
						6	2	7	3	1	8	5	9	4						
						5	9	4	7	2	6	8	1	3						
						1	8	3	5	4	9	6	2	7						
						2	4	1	8	7	5	9	3	6						
						3	5	6	4	9	2	7	8	1						
						8	7	9	6	3	1	2	4	5						

NO. 1308

						5	3	9	8	7	6	2	4	1						
						4	2	6	1	3	5	7	8	9						
						8	1	7	4	9	2	5	3	6						
						2	5	8	3	6	9	1	7	4						
						7	9	3	5	4	1	8	6	2						
						6	4	1	7	2	8	3	9	5						
7	8	9	4	1	2	3	6	5	2	8	4	9	1	7	4	6	3	8	5	2
5	2	6	3	7	9	1	8	4	9	5	7	6	2	3	8	7	5	1	9	4
4	3	1	6	8	5	9	7	2	6	1	3	4	5	8	2	1	9	6	7	3
2	6	4	1	5	7	8	3	9				7	3	1	5	9	8	2	4	6
1	9	8	2	6	3	4	5	7				8	9	4	6	2	7	3	5	1
3	7	5	8	9	4	6	2	1				2	6	5	1	3	4	9	8	7
6	1	2	5	4	8	7	9	3	2	4	1	5	8	6	9	4	1	7	3	2
8	5	7	9	3	1	2	4	6	5	3	8	1	7	9	3	5	2	4	6	8
9	4	3	7	2	6	5	1	8	7	6	9	3	4	2	7	8	6	5	1	9
						1	5	7	6	8	2	9	3	4						
						9	6	2	4	1	3	7	5	8						
						8	3	4	9	7	5	6	2	1						
						6	2	5	3	9	4	8	1	7						
						3	8	9	1	2	7	4	6	5						
						4	7	1	8	5	6	2	9	3						

NO. 1309

						7	5	2	8	3	9	4	1	6						
						8	1	4	6	5	2	9	7	3						
						3	6	9	4	7	1	2	5	8						
						9	2	8	5	1	3	6	4	7						
						5	3	7	2	4	6	8	9	1						
						6	4	1	9	8	7	3	5	2						
8	9	1	5	2	3	4	7	6	3	9	5	1	2	8	5	7	4	9	3	6
6	3	7	4	8	1	2	9	5	1	6	8	7	3	4	9	8	6	2	1	5
5	4	2	7	9	6	1	8	3	7	2	4	5	6	9	3	2	1	7	8	4
3	7	5	2	6	8	9	2	1				8	4	2	6	1	9	3	5	7
2	1	9	3	7	4	5	6	8				9	1	5	7	3	8	4	6	2
4	8	6	9	1	5	7	3	2				3	7	6	2	4	5	1	9	8
7	2	3	6	5	9	8	1	4	3	5	2	6	9	7	1	5	2	8	4	3
9	6	8	1	4	2	3	5	7	6	4	9	2	8	1	4	6	3	5	7	9
1	5	4	8	3	7	6	2	9	8	7	1	4	5	3	8	9	7	6	2	1
						2	6	8	7	9	3	1	4	5						
						1	7	3	5	2	4	8	6	9						
						9	4	5	1	8	6	7	3	2						
						7	3	6	4	1	5	9	2	8						
						4	9	1	2	3	8	5	7	6						
						5	8	2	9	6	7	3	1	4						

NO. 1310

						4	5	1	7	9	6	3	2	8						
						3	7	2	5	8	4	1	6	9						
						9	8	6	3	1	2	4	5	7						
						7	9	5	8	2	1	6	3	4						
						2	3	4	9	6	5	8	7	1						
						6	1	8	4	3	7	5	9	2						
4	3	6	8	9	1	5	2	7	6	4	8	9	1	3	4	5	8	6	7	2
7	8	2	3	6	5	1	4	9	2	5	3	7	8	6	2	3	1	4	9	5
1	9	5	4	2	7	8	6	3	1	7	9	2	4	5	6	9	7	1	3	8
8	1	3	9	4	6	7	5	2				6	9	2	1	8	4	7	5	3
5	2	9	7	1	8	6	3	4				1	5	8	3	7	9	2	4	6
6	7	4	5	3	2	9	8	1				3	7	4	5	6	2	8	1	9
2	4	8	6	7	9	3	1	5	2	8	7	4	6	9	7	2	5	3	8	1
9	6	1	2	5	3	4	7	8	6	9	3	5	2	1	8	4	3	9	6	7
3	5	7	1	8	4	2	9	6	5	4	1	8	3	7	9	1	6	5	2	4
						7	3	9	1	6	5	2	8	4						
						8	5	4	3	2	9	1	7	6						
						6	2	1	4	7	8	9	5	3						
						5	4	7	9	3	2	6	1	8						
						1	6	3	8	5	4	7	9	2						
						9	8	2	7	1	6	3	4	5						

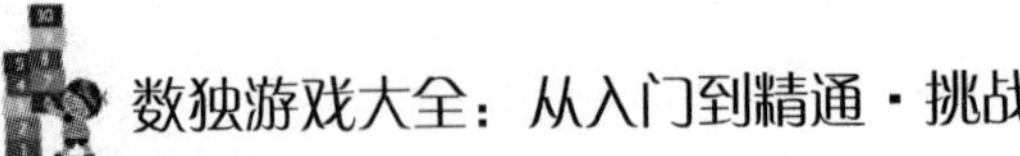

NO. 1311

						7	2	9	5	4	8	6	1	3						
						3	4	5	1	7	6	9	8	2						
						8	1	6	9	3	2	7	4	5						
						1	9	7	4	2	3	5	6	8						
						4	8	3	6	9	5	2	7	1						
						5	6	2	8	1	7	4	3	9						
9	1	2	5	4	7	6	3	8	7	5	9	1	2	4	5	6	9	7	8	3
4	7	6	8	9	3	2	5	1	3	6	4	8	9	7	3	4	2	5	1	6
5	3	8	2	1	6	9	7	4	2	8	1	3	5	6	7	1	8	2	4	9
1	5	7	9	2	4	8	6	3				7	1	3	2	9	5	8	6	4
8	2	9	6	3	1	7	4	5				2	6	9	4	8	1	3	5	7
6	4	3	7	8	5	1	9	2				4	8	5	6	7	3	9	2	1
7	8	1	3	5	9	4	2	6	3	9	8	5	7	1	8	3	6	4	9	2
3	6	4	1	7	2	5	8	9	7	1	4	6	3	2	9	5	4	1	7	8
2	9	5	4	6	8	3	1	7	6	5	2	9	4	8	1	2	7	6	3	5
						8	4	1	2	7	6	3	9	5						
						9	6	5	4	3	1	2	8	7						
						7	3	2	5	8	9	1	6	4						
						6	5	8	1	4	3	7	2	9						
						2	7	4	9	6	5	8	1	3						
						1	9	3	8	2	7	4	5	6						

NO. 1312

5	6	8	1	4	2	3	7	9						
2	3	9	6	8	7	4	5	1						
7	1	4	5	3	9	6	2	8						
4	5	1	3	9	8	7	6	2						
6	9	3	2	7	5	1	8	4						
8	7	2	4	6	1	5	9	3						
9	4	5	8	1	6	2	3	7	1	6	4	9	5	8
1	2	7	9	5	3	8	4	6	5	9	2	7	3	1
3	8	6	7	2	4	9	1	5	3	7	8	2	6	4
						6	8	3	4	1	9	5	7	2
						4	7	1	2	3	5	6	8	9
						5	9	2	7	8	6	1	4	3
8	9	5	3	6	7	1	2	4	6	5	3	8	9	7
6	4	3	1	8	2	7	5	9	8	4	1	3	2	6
2	7	1	4	9	5	3	6	8	9	2	7	4	1	5
4	6	2	1	3	8	5	9	7						
1	8	9	7	5	4	2	3	6						
3	5	7	6	2	9	8	4	1						
5	1	6	9	7	3	4	8	2	3	7	5	6	1	9
9	2	8	5	4	1	6	7	3	1	4	9	2	5	8
7	3	4	2	8	6	9	1	5	6	8	2	3	7	4
						1	5	6	2	9	3	8	4	7
						8	2	4	5	1	7	9	6	3
						7	3	9	8	6	4	5	2	1
						3	6	7	4	5	8	1	9	2
						5	9	8	7	2	1	4	3	6
						2	4	1	9	3	6	7	8	5

NO. 1313

9	8	3	5	7	2	6	1	4						
7	1	4	3	8	6	2	9	5						
5	6	2	4	1	9	8	7	3						
8	2	5	6	4	1	7	3	9						
3	4	1	7	9	8	5	6	2						
6	7	9	2	5	3	4	8	1						
1	5	6	9	2	7	3	4	8	2	7	5	1	6	9
2	3	8	1	6	4	9	5	7	6	1	3	8	4	2
4	9	7	8	3	5	1	2	6	4	8	9	3	7	5
						7	9	4	5	2	1	6	8	3
						5	8	2	3	4	6	7	9	1
						6	1	3	8	9	7	2	5	4
9	1	6	4	7	8	2	3	5	7	6	4	9	1	8
7	5	4	9	2	3	8	6	1	9	5	2	4	3	7
3	8	2	5	1	6	4	7	9	1	3	8	5	2	6
5	7	3	2	4	9	6	1	8						
2	9	1	8	6	5	3	4	7						
4	6	8	7	3	1	9	5	2						
6	2	7	1	8	4	5	9	3	4	8	6	7	2	1
1	3	9	6	5	2	7	8	4	2	5	1	3	6	9
8	4	5	3	9	7	1	2	6	7	9	3	4	8	5
						2	6	7	3	1	4	9	5	8
						9	3	5	6	2	8	1	7	4
						8	4	1	9	7	5	6	3	2
						4	7	8	5	6	9	2	1	3
						6	1	9	8	3	2	5	4	7
						3	5	2	1	4	7	8	9	6

NO. 1314

6	4	3	8	1	2	7	5	9						
2	7	1	4	9	5	3	6	8						
8	9	5	3	6	7	1	2	4						
4	6	2	1	3	8	5	9	7						
1	8	9	7	5	4	2	3	6						
3	5	7	6	2	9	8	4	1						
5	1	6	9	7	3	4	8	2	3	7	5	6	1	9
9	2	8	5	4	1	6	7	3	1	4	9	2	5	8
7	3	4	2	8	6	9	1	5	6	8	2	3	7	4
						1	5	6	2	9	3	8	4	7
						8	2	4	5	1	7	9	6	3
						7	3	9	8	6	4	5	2	1
5	2	4	8	9	1	3	6	7	4	5	8	1	9	2
3	6	1	2	7	4	5	9	8	7	2	1	4	3	6
8	9	7	3	6	5	2	4	1	9	3	6	7	8	5
9	4	8	7	2	6	1	5	3						
7	5	6	1	8	3	4	2	9						
1	3	2	4	5	9	7	8	6						
4	1	9	5	3	8	6	7	2	8	4	1	5	3	9
2	8	3	6	4	7	9	1	5	6	3	2	8	7	4
6	7	5	9	1	2	8	3	4	9	7	5	6	1	2
						7	6	3	2	1	4	9	8	5
						4	2	1	5	9	8	3	6	7
						5	9	8	3	6	7	4	2	1
						3	4	7	1	5	6	2	9	8
						2	5	6	7	8	9	1	4	3
						1	8	9	4	2	3	7	5	6

NO. 1315

9	2	3	7	5	4	8	6	1						
5	1	6	3	8	2	4	7	9						
4	7	8	9	1	6	2	3	5						
2	4	9	5	7	3	6	1	8						
8	6	5	2	9	1	3	4	7						
7	3	1	4	6	8	9	5	2						
1	8	4	6	2	7	5	9	3	4	6	8	7	2	1
6	5	2	1	3	9	7	8	4	2	5	1	3	6	9
3	9	7	8	4	5	1	2	6	7	9	3	4	8	5
						2	6	7	3	1	4	9	5	8
						9	3	5	6	2	8	1	7	4
						8	4	1	9	7	5	6	3	2
9	1	2	6	3	5	4	7	8	5	6	9	2	1	3
3	8	5	4	7	2	6	1	9	8	3	2	5	4	7
4	7	6	9	1	8	3	5	2	1	4	7	8	9	6
8	3	7	1	5	9	2	6	4						
2	9	4	8	6	7	5	3	1						
5	6	1	2	4	3	8	9	7						
6	4	9	5	2	1	7	8	3	9	5	2	6	4	1
7	5	8	3	9	4	1	2	6	7	4	3	9	8	5
1	2	3	7	8	6	9	4	5	1	8	6	7	2	3
						8	7	4	3	2	5	1	9	6
						5	3	2	6	1	9	4	7	8
						6	1	9	4	7	8	5	3	2
						4	5	8	2	6	7	3	1	9
						3	6	7	8	9	1	2	5	4
						2	9	1	5	3	4	8	6	7

NO. 1316

3	4	1	9	8	7	6	5	2						
8	9	2	6	5	1	7	4	3						
6	5	7	3	2	4	9	8	1						
1	2	4	7	6	3	8	9	5						
7	6	3	8	9	5	1	2	4						
5	8	9	4	1	2	3	6	7						
4	7	8	2	3	6	5	1	9	7	4	6	3	8	2
9	3	5	1	4	8	2	7	6	8	3	5	9	1	4
2	1	6	5	7	9	4	3	8	2	1	9	5	7	6
						6	8	7	9	5	4	2	3	1
						9	2	4	3	8	1	6	5	7
						3	5	1	6	2	7	8	4	9
5	8	7	6	3	9	1	4	2	5	6	3	7	9	8
6	3	4	1	2	7	8	9	5	4	7	2	1	6	3
2	9	1	8	5	4	7	6	3	1	9	8	4	2	5
1	2	5	4	6	8	9	3	7						
3	6	9	7	1	5	4	2	8						
7	4	8	3	9	2	6	5	1						
4	7	3	2	8	6	5	1	9	6	8	2	4	3	7
8	5	2	9	4	1	3	7	6	1	4	5	8	2	9
9	1	6	5	7	3	2	8	4	3	7	9	6	1	5
						1	4	8	9	2	6	7	5	3
						6	3	2	4	5	7	9	8	1
						7	9	5	8	3	1	2	6	4
						8	6	3	5	9	4	1	7	2
						9	5	7	2	1	8	3	4	6
						4	2	1	7	6	3	5	9	8

NO. 1317

2	3	5	8	7	4	9	1	6						
8	7	4	9	1	6	2	3	5						
6	9	1	5	2	3	4	7	8						
4	5	2	1	9	8	7	6	3						
9	1	3	7	6	2	8	5	4						
7	6	8	4	3	5	1	9	2						
5	8	9	3	4	7	6	2	1	8	5	7	4	9	3
1	4	6	2	5	9	3	8	7	9	4	6	1	2	5
3	2	7	6	8	1	5	4	9	3	2	1	6	8	7
						4	6	2	7	3	8	9	5	1
						1	3	5	4	9	2	7	6	8
						7	9	8	1	6	5	3	4	2
6	9	8	7	4	1	2	5	3	6	7	4	8	1	7
7	4	5	2	3	8	9	1	6	5	8	3	2	7	4
3	1	2	9	6	5	8	7	4	2	1	9	5	3	6
8	5	9	4	1	3	7	6	2						
4	7	1	8	2	6	5	3	9						
2	3	6	5	7	9	1	4	8						
5	8	4	3	9	7	6	2	1	7	9	3	5	4	8
9	6	3	1	5	2	4	8	7	2	5	6	9	3	1
1	2	7	6	8	4	3	9	5	4	8	1	7	2	6
						9	7	4	6	1	5	2	8	3
						1	6	8	3	2	9	4	5	7
						5	3	2	8	7	4	6	1	9
						2	5	9	1	3	7	8	6	4
						7	4	3	5	6	8	1	9	2
						8	1	6	9	4	2	3	7	5

NO. 1318

4	2	1	3	7	9	5	8	6				8	4	7	5	9	1	6	2	3
9	3	5	6	8	2	1	7	4				5	1	6	8	3	2	9	4	7
6	8	7	4	1	5	3	9	2				9	2	3	7	4	6	5	8	1
8	1	6	7	2	4	9	3	5				6	7	1	4	2	8	3	5	9
2	9	4	5	3	1	7	6	8				2	8	9	6	5	3	7	1	4
7	5	3	9	6	8	2	4	1				4	3	5	1	7	9	2	6	8
5	4	8	2	9	3	6	1	7	8	9	2	3	5	4	2	1	7	8	9	6
1	7	9	8	5	6	4	2	3	5	6	7	1	9	8	3	6	5	4	7	2
3	6	2	1	4	7	8	5	9	3	1	4	7	6	2	9	8	4	1	3	5
						7	6	4	2	5	9	8	3	1						
						3	8	5	7	4	1	9	2	6						
						1	9	2	6	8	3	4	7	5						
4	2	9	1	6	3	5	7	8	1	3	6	2	4	9	8	3	6	5	1	7
5	7	1	8	4	2	9	3	6	4	2	8	5	1	7	2	9	4	8	3	6
3	6	8	5	9	7	2	4	1	9	7	5	6	8	3	1	7	5	9	2	4
9	8	7	4	1	5	6	2	3				4	5	1	6	2	3	7	8	9
1	3	4	6	2	9	7	8	5				9	7	2	4	5	8	3	6	1
6	5	2	7	3	8	1	9	4				8	3	6	7	1	9	4	5	2
8	9	3	2	5	6	4	1	7				1	2	8	3	4	7	6	9	5
2	1	6	3	7	4	8	5	9				3	9	4	5	6	2	1	7	8
7	4	5	9	8	1	3	6	2				7	6	5	9	8	1	2	4	3

NO. 1319

2	3	1	9	7	8	4	5	6				1	5	2	9	7	8	4	3	6
7	6	9	1	5	4	3	8	2				8	4	7	3	6	2	5	9	1
4	8	5	6	3	2	7	1	9				6	9	3	5	4	1	2	8	7
1	4	3	8	9	6	5	2	7				3	8	9	7	2	6	1	4	5
9	5	2	7	4	3	1	6	8				4	7	6	8	1	5	3	2	9
8	7	6	2	1	5	9	4	3				2	1	5	4	9	3	6	7	8
3	1	8	4	6	9	2	7	5	4	6	8	9	3	1	6	8	4	7	5	2
5	2	7	3	8	1	6	9	4	7	1	3	5	2	8	1	3	7	9	6	4
6	9	4	5	2	7	8	3	1	5	2	9	7	6	4	2	5	9	8	1	3
						4	6	3	2	7	5	1	8	9						
						9	2	7	8	4	1	3	5	6						
						5	1	8	9	3	6	4	7	2						
4	2	9	3	7	8	1	5	6	3	9	2	8	4	7	6	3	9	1	5	2
1	6	3	4	5	2	7	8	9	6	5	4	2	1	3	5	4	7	8	6	9
5	8	7	6	9	1	3	4	2	1	8	7	6	9	5	2	8	1	7	3	4
7	5	1	8	6	9	4	2	3				9	3	1	7	5	8	2	4	6
8	4	2	7	1	3	9	6	5				4	2	8	3	1	6	5	9	7
3	9	6	2	4	5	8	7	1				7	5	6	9	2	4	3	8	1
9	7	4	5	3	6	2	1	8				1	8	2	4	9	3	6	7	5
2	1	5	9	8	4	6	3	7				5	7	4	8	6	2	9	1	3
6	3	8	1	2	7	5	9	4				3	6	9	1	7	5	4	2	8

NO. 1320

9	6	4	1	2	7	3	8	5				2	1	9	8	7	3	4	6	5
1	8	5	9	3	4	2	7	6				8	3	5	6	9	4	1	2	7
7	2	3	6	8	5	4	1	9				4	6	7	5	1	2	3	9	8
6	1	9	3	7	2	5	4	8				1	7	8	4	6	9	5	3	2
3	4	8	5	9	1	6	2	7				3	9	4	1	2	5	7	8	6
5	7	2	8	4	6	9	3	1				6	5	2	7	3	8	9	4	1
8	3	7	2	6	9	1	5	4	6	2	7	9	8	3	2	5	1	6	7	4
4	9	1	7	5	3	8	6	2	3	9	5	7	4	1	9	8	6	2	5	3
2	5	6	4	1	8	7	9	3	8	1	4	5	2	6	3	4	7	8	1	9
						3	2	1	7	4	9	6	5	8						
						9	4	8	5	6	2	1	3	7						
						6	7	5	1	3	8	4	9	2						
8	6	3	2	4	9	5	1	7	9	8	3	2	6	4	9	5	7	8	3	1
9	7	2	1	3	5	4	8	6	2	5	1	3	7	9	1	8	4	2	6	5
1	5	4	8	6	7	2	3	9	4	7	6	8	1	5	6	2	3	9	7	4
3	4	7	5	2	6	8	9	1				1	2	3	5	9	6	7	4	8
6	1	9	4	7	8	3	2	5				9	5	6	7	4	8	1	2	3
2	8	5	9	1	3	6	7	4				7	4	8	3	1	2	5	9	6
7	3	1	6	5	2	9	4	8				5	3	2	4	7	1	6	8	9
4	9	6	3	8	1	7	5	2				6	9	7	8	3	5	4	1	2
5	2	8	7	9	4	1	6	3				4	8	1	2	6	9	3	5	7

NO. 1321

3	2	5	6	4	9	8	1	7				3	6	8	2	9	4	7	1	5
8	6	4	1	7	3	2	9	5				4	7	2	5	1	8	9	3	6
1	9	7	2	8	5	3	4	6				9	5	1	3	6	7	2	4	8
4	3	2	9	5	8	7	6	1				6	3	4	9	8	5	1	2	7
7	1	6	3	2	4	9	5	8				5	8	7	4	2	1	6	9	3
9	5	8	7	1	6	4	3	2				2	1	9	7	3	6	8	5	4
5	8	1	4	3	7	6	2	9	7	8	5	1	4	3	8	7	9	5	6	2
6	7	3	5	9	2	1	8	4	2	6	3	7	9	5	6	4	2	3	8	1
2	4	9	8	6	1	5	7	3	4	9	1	8	2	6	1	5	3	4	7	9
						8	4	2	3	7	6	9	5	1						
						3	1	5	9	4	2	6	8	7						
						9	6	7	1	5	8	2	3	4						
1	2	9	8	5	4	7	3	6	5	2	9	4	1	8	9	2	5	7	6	3
4	6	3	7	9	1	2	5	8	6	1	4	3	7	9	4	6	8	2	1	5
5	8	7	2	6	3	4	9	1	8	3	7	5	6	2	1	7	3	8	4	9
2	5	1	9	4	8	3	6	7				2	4	1	7	5	9	3	8	6
7	9	8	6	3	2	5	1	4				8	3	7	2	1	6	9	5	4
3	4	6	1	7	5	9	8	2				9	5	6	3	8	4	1	2	7
9	1	4	3	2	6	8	7	5				1	2	5	6	9	7	4	3	8
8	3	2	5	1	7	6	4	9				7	8	3	5	4	1	6	9	2
6	7	5	4	8	9	1	2	3				6	9	4	8	3	2	5	7	1

NO. 1322

6	9	3	4	2	8	5	1	7						
4	5	7	9	3	1	2	6	8						
1	2	8	5	7	6	3	4	9						
7	6	1	3	5	9	4	8	2						
3	4	9	2	8	7	6	5	1						
5	8	2	1	6	4	9	7	3						
8	3	4	7	9	5	1	2	6	9	5	3	8	4	7
9	1	6	8	4	2	7	3	5	4	8	1	6	2	9
2	7	5	6	1	3	8	9	4	2	6	7	1	5	3
						5	7	2	3	9	8	4	6	1
						3	6	9	1	2	4	5	7	8
						4	8	1	6	7	5	9	3	2
7	8	4	2	5	6	9	1	3	5	4	2	7	8	6
5	3	2	7	9	1	6	4	8	7	3	9	2	1	5
1	6	9	3	8	4	2	5	7	8	1	6	3	9	4
3	5	1	9	2	7	4	8	6						
9	7	8	6	4	3	1	2	5						
2	4	6	5	1	8	7	3	9						
4	9	5	8	6	2	3	7	1	2	6	4	5	9	8
8	1	7	4	3	9	5	6	2	9	3	8	1	4	7
6	2	3	1	7	5	8	9	4	5	7	1	2	6	3
						9	4	5	1	8	2	7	3	6
						7	1	3	4	9	6	8	5	2
						6	2	8	7	5	3	4	1	9
4	1	3	7	8	9	2	5	6	3	4	7	9	8	1
2	5	9	1	6	3	4	8	7	6	1	9	3	2	5
7	8	6	2	5	4	1	3	9	8	2	5	6	7	4
8	3	7	6	1	5	9	4	2						
6	4	5	9	7	2	3	1	8						
9	2	1	3	4	8	6	7	5						
5	6	4	8	9	1	7	2	3						
3	9	8	4	2	7	5	6	1						
1	7	2	5	3	6	8	9	4						

NO. 1323

5	4	6	2	1	3	8	7	9						
2	3	9	8	7	6	5	4	1						
7	8	1	5	4	9	6	3	2						
9	1	3	6	5	2	7	8	4						
6	5	2	7	8	4	9	1	3						
4	7	8	3	9	1	2	5	6						
3	6	7	1	2	5	4	9	8	6	3	5	2	7	1
8	2	4	9	3	7	1	6	5	7	2	4	8	9	3
1	9	5	4	2	8	3	2	7	1	9	8	4	6	5
						5	7	6	8	4	3	1	2	9
						8	1	3	2	7	9	5	4	6
						2	4	9	5	1	6	7	3	8
4	7	6	5	2	8	9	3	1	4	5	2	6	8	7
5	2	3	9	1	6	7	8	4	3	6	1	9	5	2
1	8	9	7	4	3	6	5	2	9	8	7	3	1	4
9	1	4	3	5	7	8	2	6						
2	5	8	6	9	4	3	1	7						
6	3	7	2	8	1	5	4	9						
3	6	2	1	7	5	4	9	8	5	7	1	3	2	6
7	4	1	8	3	9	2	6	5	9	3	4	7	1	8
8	9	5	4	6	2	1	7	3	2	6	8	5	9	4
						9	3	7	8	1	5	6	4	2
						5	2	1	3	4	6	8	7	9
						6	8	4	7	2	9	1	5	3
4	9	3	6	1	8	7	5	2	4	8	3	9	6	1
5	1	2	9	3	7	8	4	6	1	9	3	2	7	5
6	8	7	2	4	5	3	1	9	6	5	2	4	8	7
2	3	9	5	7	6	1	8	4						
8	7	5	4	2	1	9	6	3						
1	6	4	8	9	3	2	7	5						
3	5	1	7	6	2	4	9	8						
9	2	6	1	8	4	5	3	7						
7	4	8	3	5	9	6	2	1						

NO. 1324

9	3	5	4	1	8	2	7	6				3	7	4	9	8	5	1	2	6
6	7	8	2	9	3	5	4	1				5	8	6	4	7	2	3	1	9
3	5	7	6	4	1	9	8	2				1	2	9	3	6	8	7	5	4
4	8	6	9	7	2	3	1	5				2	6	1	7	3	4	9	8	5
2	9	1	3	5	7	8	6	4				8	4	3	5	1	6	2	9	7
1	2	4	8	6	5	7	3	9				9	5	7	8	2	1	6	4	3
8	6	3	5	2	4	1	9	7	6	8	2	4	3	5	2	9	7	8	6	1
5	1	9	7	8	6	4	2	3	5	7	1	6	9	8	1	4	3	5	7	2
7	4	2	1	3	9	6	5	8	9	3	4	7	1	2	6	5	9	4	3	8
						7	6	9	2	5	3	1	8	4						
						3	1	2	8	4	7	9	5	6						
						8	4	5	1	6	9	3	2	7						
9	8	7	1	2	4	5	3	6	7	1	8	2	4	9	8	7	3	5	6	1
5	6	3	7	1	2	9	8	4	3	2	6	5	7	1	4	9	6	3	8	2
4	9	8	6	5	3	2	7	1	4	9	5	8	6	3	2	1	5	9	7	4
1	3	4	5	7	9	8	6	2				7	3	4	6	8	1	2	5	9
6	5	2	3	8	1	7	4	9				9	1	6	5	2	4	7	3	8
2	7	1	4	6	8	3	9	5				6	2	8	9	3	7	4	1	5
3	2	6	8	9	5	4	1	7				1	8	5	3	4	9	6	2	7
7	4	5	9	3	6	1	2	8				4	5	7	1	6	2	8	9	3
8	1	9	2	4	7	6	5	3				3	9	2	7	5	8	1	4	6

NO. 1325

4	3	7	9	1	8	6	2	5				9	3	7	6	8	1	5	4	2
2	6	8	5	9	7	1	3	4				6	5	8	2	4	3	9	7	1
1	4	5	2	7	6	9	8	3				7	1	2	4	9	5	6	8	3
8	1	4	3	5	9	2	6	7				4	8	1	7	5	6	3	2	9
9	2	6	1	4	3	7	5	8				3	6	5	8	2	9	7	1	4
7	5	3	6	8	2	4	1	9				2	9	4	3	7	8	1	6	5
6	7	1	4	3	5	8	9	2	1	4	3	5	7	6	1	3	2	4	9	8
3	9	2	8	6	4	5	7	1	2	9	6	8	4	3	9	1	7	2	5	6
5	8	9	7	2	1	3	4	6	8	7	5	1	2	9	5	6	4	8	3	7
						6	8	4	3	2	7	9	1	5						
						1	5	9	6	8	4	2	3	7						
						7	2	3	9	5	1	4	6	8						
9	8	7	6	2	3	4	1	5	7	3	9	6	8	2	9	7	5	1	4	3
6	7	1	5	4	2	9	3	8	4	6	2	7	5	1	3	6	9	2	8	4
1	4	8	9	3	5	2	6	7	5	1	8	3	9	4	8	1	6	5	7	2
2	3	5	4	1	8	7	9	6				2	7	9	4	5	8	3	1	6
5	1	3	2	8	4	6	7	9				4	6	3	7	2	1	8	5	9
4	9	6	8	7	1	5	2	3				5	2	8	6	3	4	7	9	1
7	5	2	1	6	9	3	8	4				1	4	7	5	9	3	6	2	8
3	2	9	7	5	6	8	4	1				8	3	5	1	4	2	9	6	7
8	6	4	3	9	7	1	5	2				9	1	6	2	8	7	4	3	5

NO. 1326

6	4	1	8	5	7	2	9	3				3	5	6	7	4	2	9	1	8
3	9	8	2	6	1	7	5	4				8	2	1	6	3	9	5	4	7
7	2	6	9	4	3	5	8	1				7	1	4	5	9	8	6	2	3
5	1	4	7	3	9	8	2	6				5	9	3	8	6	4	1	7	2
8	3	7	4	2	5	6	1	9				9	4	7	1	8	3	2	5	6
9	5	2	1	8	6	4	3	7				2	6	8	9	7	5	4	3	1
4	7	9	5	1	2	3	6	8	5	9	4	1	7	2	3	5	6	8	9	4
2	8	3	6	9	4	1	7	5	6	2	3	4	8	9	2	1	7	3	6	5
1	6	5	3	7	8	9	4	2	8	1	7	6	3	5	4	2	1	7	8	9
						7	2	3	9	6	1	5	4	8						
						6	5	9	7	4	8	2	1	3						
						4	8	1	3	5	2	9	6	7						
8	3	4	9	5	6	2	1	7	4	3	9	8	5	6	9	3	1	2	4	7
2	7	5	3	4	1	8	9	6	1	7	5	3	2	4	6	8	7	9	1	5
1	6	8	7	9	2	5	3	4	2	8	6	7	9	1	4	2	5	3	6	8
3	4	6	1	2	8	7	5	9				9	3	7	5	6	8	4	2	1
7	9	2	6	1	5	3	4	8				4	6	8	7	5	3	1	9	2
5	8	9	4	3	7	1	6	2				5	1	3	2	7	9	6	8	4
4	5	7	8	6	3	9	2	1				2	8	9	1	4	6	7	5	3
9	1	3	2	7	4	6	8	5				1	4	5	3	9	2	8	7	6
6	2	1	5	8	9	4	7	3				6	7	2	8	1	4	5	3	9

NO. 1327

3	2	6	8	9	7	5	1	4				8	2	6	5	7	9	4	3	1
1	5	7	4	8	2	9	6	3				5	4	7	1	3	2	8	6	9
9	3	4	1	6	5	8	7	2				6	9	1	3	8	4	5	7	2
7	9	3	2	4	8	1	5	6				3	7	9	6	4	5	2	1	8
8	1	5	9	3	2	6	4	7				2	5	4	7	1	8	6	9	3
6	4	2	5	7	1	3	9	8				1	8	3	2	6	7	9	5	4
5	6	9	3	2	4	7	8	1	9	3	2	4	6	5	9	2	1	3	8	7
2	8	1	7	5	3	4	6	9	1	8	5	7	3	2	8	9	6	1	4	5
4	7	8	6	1	9	2	3	5	7	6	4	9	1	8	4	5	3	7	2	6
						5	7	3	2	1	6	8	9	4						
						9	4	8	5	7	3	1	2	6						
						6	1	2	8	4	9	3	5	7						
8	7	6	5	1	2	3	9	4	6	2	8	5	7	1	8	6	4	9	3	2
5	6	9	4	3	1	8	2	7	3	5	1	6	4	9	2	5	8	1	7	3
9	3	7	8	2	4	1	5	6	4	9	7	2	8	3	7	9	5	4	6	1
1	2	4	3	9	7	6	8	5				1	6	8	3	4	7	2	9	5
4	9	2	1	7	3	5	6	8				3	5	2	6	1	9	7	4	8
3	8	5	7	6	9	4	1	2				4	1	7	5	2	3	6	8	9
6	4	1	9	5	8	2	7	3				9	3	6	4	8	2	5	1	7
2	1	8	6	4	5	7	3	9				7	2	4	9	3	1	8	5	6
7	5	3	2	8	6	9	4	1				8	9	5	1	7	6	3	2	4

NO. 1328

7	1	5	6	8	4	2	3	9				2	3	5	1	9	6	8	4	7
3	2	6	9	1	5	7	8	4				7	9	8	6	4	2	3	1	5
2	4	8	1	3	7	9	6	5				6	4	1	3	8	5	7	9	2
6	3	9	5	7	2	8	4	1				4	7	6	2	5	8	1	3	9
9	8	7	4	2	3	1	5	6				8	1	2	9	3	4	5	7	6
1	5	4	8	6	9	3	2	7				9	5	3	7	6	1	4	2	8
5	7	1	2	4	8	6	9	3	5	7	8	1	2	4	5	7	9	6	8	3
8	9	3	7	5	6	4	1	2	9	6	3	5	8	7	4	2	3	9	6	1
4	6	2	3	9	1	5	7	8	2	1	4	3	6	9	8	1	7	2	5	4
						3	2	5	4	8	1	9	7	6						
						9	8	4	6	5	7	2	3	1						
						7	6	1	3	9	2	8	4	5						
7	2	3	6	5	1	8	4	9	1	3	6	7	5	2	3	1	6	8	9	4
8	5	9	2	7	4	1	3	6	7	2	5	4	9	8	7	5	1	2	3	6
3	6	1	4	9	8	2	5	7	8	4	9	6	1	3	9	8	4	5	2	7
9	4	2	3	8	6	5	7	1				5	3	4	1	2	9	6	7	8
2	1	5	8	6	7	3	9	4				3	2	6	8	9	7	1	4	5
5	3	7	1	4	9	6	8	2				2	8	7	6	4	5	9	1	3
6	9	8	7	2	5	4	1	3				8	4	9	5	3	2	7	6	1
4	8	6	9	1	3	7	2	5				9	7	1	4	6	8	3	5	2
1	7	4	5	3	2	9	6	8				1	6	5	2	7	3	4	8	9

NO. 1329

2	1	3	9	4	5	8	6	7				3	4	2	6	9	1	8	7	5
4	7	8	2	1	6	9	5	3				4	8	7	1	5	9	2	6	3
5	9	6	3	7	1	4	2	8				1	2	5	3	8	7	6	9	4
1	3	5	6	9	8	2	7	4				5	9	6	8	1	4	3	2	7
8	4	9	5	2	7	3	1	6				7	6	1	5	2	3	9	4	8
6	2	4	7	8	3	1	9	5				9	3	8	4	7	6	5	1	2
7	8	2	1	5	4	6	3	9	5	7	8	2	1	4	9	3	8	7	5	6
3	5	1	8	6	9	7	4	2	1	3	6	8	5	9	7	6	2	4	3	1
9	6	7	4	3	2	5	8	1	9	2	4	6	7	3	2	4	5	1	8	9
						3	6	5	7	4	1	9	2	8						
						4	9	7	2	8	5	3	6	1						
						1	2	8	3	6	9	7	4	5						
5	4	3	7	8	9	2	1	6	4	9	3	5	8	7	6	9	3	4	1	2
2	3	8	6	5	1	9	7	4	8	5	2	1	3	6	9	7	2	8	4	5
6	1	9	2	7	4	8	5	3	6	1	7	4	9	2	7	6	5	3	8	1
8	7	6	9	3	2	5	4	1				3	2	5	8	4	1	9	6	7
1	9	7	5	4	8	3	6	2				2	4	3	1	8	7	6	5	9
9	5	2	3	1	6	4	8	7				6	5	9	4	2	8	1	7	3
7	8	5	4	6	3	1	2	9				7	1	8	5	3	6	2	9	4
3	6	4	1	2	5	7	9	8				8	7	4	3	1	9	5	2	6
4	2	1	8	9	7	6	3	5				9	6	1	2	5	4	7	3	8

NO. 1330

9	8	4	3	7	2	5	6	1				8	6	9	2	3	5	4	7	1
2	5	3	8	6	4	1	7	9				5	2	7	3	1	9	6	8	4
1	6	7	2	3	5	9	4	8				3	1	4	5	2	7	8	9	6
3	1	9	5	4	6	7	8	2				2	8	6	9	4	1	7	3	5
5	4	1	7	9	8	6	2	3				4	9	3	7	6	8	5	1	2
8	7	6	9	2	1	4	3	5				1	7	5	6	8	3	2	4	9
7	2	5	4	8	9	3	1	6	9	4	8	7	5	2	8	9	4	1	6	3
6	3	2	1	5	7	8	9	4	5	2	7	6	3	1	4	7	2	9	5	8
4	9	8	6	1	3	2	5	7	6	3	1	9	4	8	1	5	6	3	2	7
						5	4	8	2	9	3	1	6	7						
						1	3	2	7	5	6	4	8	9						
						6	7	9	1	8	4	5	2	3						
4	5	2	7	1	8	9	6	3	4	1	2	8	7	5	1	9	3	2	6	4
1	6	9	3	2	4	7	8	5	3	6	9	2	1	4	6	5	7	3	9	8
3	8	6	9	7	5	4	2	1	8	7	5	3	9	6	8	4	2	1	7	5
8	2	4	1	6	7	3	5	9				7	2	3	9	6	8	4	5	1
6	7	5	4	3	9	2	1	8				6	5	1	3	2	4	7	8	9
9	3	1	8	5	2	6	7	4				1	4	8	2	7	5	9	3	6
2	9	7	5	8	3	1	4	6				5	6	9	7	3	1	8	4	2
5	1	3	2	4	6	8	9	7				4	8	7	5	1	9	6	2	3
7	4	8	6	9	1	5	3	2				9	3	2	4	8	6	5	1	7

NO. 1331

5	4	8	1	2	9	7	3	6				1	4	8	7	9	2	6	5	3
3	7	9	6	1	8	2	4	5				7	6	9	3	5	4	1	8	2
2	5	6	3	8	7	1	9	4				8	2	3	5	1	6	7	9	4
9	2	5	4	6	1	3	7	8				5	9	2	8	6	7	4	3	1
1	3	7	2	5	4	8	6	9				4	7	6	9	3	1	8	2	5
8	6	4	7	9	3	5	2	1				3	1	5	4	8	9	2	7	6
7	8	2	5	4	6	9	1	3	2	5	4	6	8	7	2	4	3	5	1	9
4	1	3	9	7	5	6	8	2	3	1	7	9	5	4	1	2	8	3	6	7
6	9	1	8	3	2	4	5	7	9	8	6	2	3	1	6	7	5	9	4	8
						7	9	5	4	3	8	1	2	6						
						2	6	1	7	9	5	3	4	8						
						8	3	4	1	6	2	5	7	9						
1	9	8	7	3	4	5	2	6	8	4	1	7	9	3	1	8	6	2	5	4
7	8	2	6	5	3	1	4	9	5	7	3	8	6	2	4	7	1	3	9	5
2	5	9	1	4	6	3	7	8	6	2	9	4	1	5	9	2	7	6	8	3
3	4	6	5	2	9	8	1	7				3	8	1	5	6	9	4	2	7
6	2	4	3	9	5	7	8	1				5	7	4	8	3	2	9	6	1
5	1	7	9	8	2	6	3	4				6	3	9	7	4	5	8	1	2
8	6	3	2	7	1	4	9	5				2	5	8	6	1	4	7	3	9
4	3	1	8	6	7	9	5	2				9	4	6	2	5	3	1	7	8
9	7	5	4	1	8	2	6	3				1	2	7	3	9	8	5	4	6

NO. 1332

4	5	2	1	9	8	7	6	3						
7	6	8	4	3	5	1	9	2						
9	1	3	7	6	2	8	5	4						
8	7	4	9	1	6	2	3	5						
2	3	5	8	7	4	9	1	6						
6	9	1	5	2	3	4	7	8						
5	8	9	3	4	7	6	2	1	8	5	7	4	9	3
1	4	6	2	5	9	3	8	7	9	4	6	1	2	5
3	2	7	6	8	1	5	4	9	3	2	1	6	8	7
						1	3	5	4	9	2	7	6	8
						7	9	8	1	6	5	3	4	2
						4	6	2	7	3	8	9	5	1
6	9	8	7	4	1	2	5	3	6	7	4	8	1	9
7	4	5	2	3	8	9	1	6	5	8	3	2	7	4
3	1	2	9	6	5	8	7	4	2	1	9	5	3	6
4	7	1	8	2	6	5	3	9						
2	3	6	5	7	9	1	4	8						
8	5	9	4	1	3	7	6	2						
5	8	4	3	9	7	6	2	1	7	9	3	5	4	8
9	6	3	1	5	2	4	8	7	2	5	6	9	3	1
1	2	7	6	8	4	3	9	5	4	8	1	7	2	6
						7	4	3	5	6	8	1	9	2
						2	5	9	1	3	7	8	6	4
						8	1	6	9	4	2	3	7	5
6	2	5	8	3	1	9	7	4	6	1	5	2	8	3
7	3	4	2	5	9	1	6	8	3	2	9	4	5	7
8	1	9	4	6	7	5	3	2	8	7	4	6	1	9
1	9	7	6	4	3	2	8	5						
4	5	2	7	9	8	3	1	6						
3	8	6	1	2	5	4	9	7						
5	7	3	9	8	4	6	2	1	5	3	8	7	9	4
2	4	8	3	1	6	7	5	9	4	6	1	8	3	2
9	6	1	5	7	2	8	4	3	7	2	9	6	5	1
						3	7	8	9	1	4	2	6	5
						5	9	2	6	8	3	4	1	7
						4	1	6	2	7	5	3	8	9
						2	6	5	8	9	7	1	4	3
						1	8	4	3	5	2	9	7	6
						9	3	7	1	4	6	5	2	8

NO. 1333

7	1	2	6	3	4	5	8	9						
3	4	6	9	8	5	1	2	7						
9	8	5	1	2	7	3	4	6						
1	2	4	8	7	3	9	6	5						
8	7	9	5	4	6	2	1	3						
5	6	3	2	1	9	8	7	4						
6	9	1	4	5	8	7	3	2	9	6	8	5	1	4
2	5	7	3	6	1	4	9	8	1	5	7	2	3	6
4	3	8	7	9	2	6	5	1	4	3	2	7	9	8
						5	7	3	8	4	9	1	6	2
						8	1	9	2	7	6	4	5	3
						2	4	6	5	1	3	8	7	9
7	1	9	8	5	2	3	6	4	7	8	5	9	2	1
8	5	6	3	4	9	1	2	7	6	9	4	3	8	5
4	2	3	1	7	6	9	8	5	3	2	1	6	4	7
9	6	1	5	2	4	8	7	3						
3	4	7	6	8	1	2	5	9						
5	8	2	9	3	7	6	4	1						
6	9	5	4	1	8	7	3	2	8	1	4	6	5	9
1	7	4	2	6	3	5	9	8	3	6	7	1	4	2
2	3	8	7	9	5	4	1	6	5	9	2	8	3	7
						9	2	7	1	5	3	4	8	6
						3	6	1	2	4	8	9	7	5
						8	5	4	6	7	9	2	1	3
7	3	6	9	4	2	1	8	5	7	2	6	3	9	4
8	4	5	3	6	1	2	7	9	4	3	1	5	6	8
9	2	1	5	7	8	6	4	3	9	8	5	7	2	1
4	9	7	2	3	6	5	1	8						
5	6	3	8	1	9	4	2	7						
2	1	8	7	5	4	3	9	6						
6	8	4	1	9	5	7	3	2	6	4	9	8	1	5
3	5	9	4	2	7	8	6	1	5	7	2	9	4	3
1	7	2	6	8	3	9	5	4	8	3	1	7	6	2
						1	4	8	2	5	7	6	3	9
						2	9	5	4	6	3	1	8	7
						3	7	6	9	1	8	2	5	4
						5	2	7	3	8	6	4	9	1
						6	1	3	7	9	4	5	2	8
						4	8	9	1	2	5	3	7	6

NO.1334

5	2	3	6	9	1	4	7	8						
8	7	4	2	3	5	9	1	6						
9	1	6	8	7	4	2	3	5						
7	6	3	9	1	3	8	5	4						
1	9	8	4	5	2	7	6	3						
4	3	5	7	6	8	1	8	2						
3	4	7	5	8	9	6	2	1	4	9	3	8	5	7
2	5	9	1	4	6	3	8	7	1	2	5	9	4	6
6	8	1	3	2	7	5	4	9	6	8	7	3	2	1
						4	6	2	9	5	1	7	3	8
						7	9	8	3	4	2	1	6	5
						1	3	5	7	6	8	4	9	2
7	4	1	6	9	8	2	5	3	8	1	9	6	7	4
2	3	8	7	4	5	9	1	6	2	7	4	5	8	3
9	6	5	3	1	2	8	7	4	5	3	6	2	1	9
4	1	3	8	5	9	7	6	2						
5	7	9	2	3	6	1	4	8						
8	2	6	4	7	1	5	3	9						
3	9	7	5	8	4	6	2	1	5	4	8	7	9	3
1	5	2	9	6	3	4	8	7	9	3	1	2	5	6
6	8	4	1	2	7	3	9	5	7	2	6	4	8	1
						8	1	6	3	7	5	9	4	2
						2	5	9	8	6	4	1	3	7
						7	4	3	1	9	2	5	6	8
8	3	1	6	2	5	9	7	4	2	8	3	6	1	5
2	5	9	7	3	4	1	6	8	4	5	7	3	2	9
4	6	7	8	1	9	5	3	2	6	1	9	8	7	4
1	2	5	3	8	6	4	9	7						
7	9	8	4	5	2	3	1	6						
6	4	3	1	9	7	2	8	5						
9	8	4	5	7	3	6	2	1	7	9	4	5	3	8
3	1	6	2	4	8	7	5	9	8	3	2	4	6	1
5	7	2	9	6	1	8	4	3	6	5	1	7	2	9
						9	3	7	5	2	8	1	4	6
						1	8	4	9	7	6	3	5	2
						2	6	5	1	4	3	8	9	7
						4	1	6	3	8	9	2	7	5
						5	9	2	4	1	7	6	8	3
						3	7	8	2	6	5	9	1	4

NO.1335

6	5	7	3	2	4	9	7	1						
3	4	1	9	8	7	6	5	2						
8	9	2	6	5	1	7	4	3						
7	6	3	8	9	5	1	2	4						
1	2	4	7	6	3	8	9	5						
5	8	9	4	1	2	3	6	7						
4	7	8	2	6	3	5	1	9	7	4	6	3	8	2
9	3	5	1	4	8	2	7	6	8	3	5	9	1	4
2	1	6	5	7	9	4	3	8	2	1	9	5	7	6
						9	2	4	3	8	1	6	5	7
						6	8	7	9	5	4	2	3	1
						3	5	1	6	2	7	8	4	9
5	8	7	6	3	9	1	4	2	5	6	3	7	9	8
6	3	4	1	2	7	8	9	5	4	7	2	1	6	3
2	9	1	8	5	4	7	6	3	1	9	8	4	2	5
3	6	9	7	1	5	4	2	8						
1	2	5	4	6	8	9	3	7						
7	4	8	3	9	2	6	5	1						
4	7	3	2	8	6	5	1	9	6	8	2	4	3	7
8	5	2	9	4	1	3	7	6	1	4	5	8	2	9
9	1	6	5	7	3	2	8	4	3	7	9	6	1	5
						6	3	2	4	5	7	9	8	1
						1	4	8	9	2	6	7	5	3
						7	9	5	8	3	1	2	6	4
5	1	4	7	2	9	8	6	3	5	9	4	1	7	2
6	2	3	1	4	8	9	5	7	2	1	8	3	4	6
7	9	8	3	5	6	4	2	1	7	6	3	5	9	8
9	8	6	5	3	2	1	7	4						
3	4	1	6	8	7	2	9	5						
2	7	5	9	1	4	3	8	6						
4	6	2	8	7	3	5	1	9	4	2	7	6	8	3
1	3	7	2	9	5	6	4	8	3	5	9	7	2	1
8	5	9	4	6	1	7	3	2	6	1	8	5	4	9
						2	6	7	8	9	3	1	5	4
						4	8	1	5	7	2	3	9	6
						3	9	5	1	6	4	2	7	8
						1	5	4	7	8	6	9	3	2
						9	7	3	2	4	1	8	6	5
						8	2	6	9	3	5	4	1	7

NO. 1336

6	9	1	5	2	3	4	7	8						
2	3	5	8	7	4	9	1	6						
8	7	4	9	1	6	2	3	5						
9	1	3	7	6	3	8	5	4						
4	5	2	1	9	8	7	6	3						
7	6	8	4	3	5	1	8	2						
5	8	9	3	4	7	6	2	1	8	5	7	4	9	3
1	4	6	2	5	9	3	8	7	9	4	6	1	2	5
3	2	7	6	8	1	5	4	9	3	2	1	6	8	7
						4	6	2	7	3	8	9	5	1
						7	9	8	1	6	5	3	4	2
						1	3	5	4	9	2	7	6	8
6	9	8	7	4	1	2	5	3	6	7	4	8	1	9
7	4	5	2	3	8	9	1	6	5	8	3	2	7	4
3	1	2	9	6	5	8	7	4	2	1	9	5	3	6
8	5	9	4	1	3	7	6	2						
2	3	6	5	7	9	1	4	8						
4	7	1	8	2	6	5	3	9						
5	8	4	3	9	7	6	2	1	7	9	3	5	4	8
9	6	3	1	5	2	4	8	7	2	5	6	9	3	1
1	2	7	6	8	4	3	9	5	4	8	1	7	2	6
						8	1	6	9	4	2	3	7	5
						2	5	9	1	3	7	8	6	4
						7	4	3	5	6	8	1	9	2
6	2	5	8	3	1	9	7	4	6	1	5	2	8	3
7	3	4	2	5	9	1	6	8	3	2	9	4	5	7
8	1	9	4	6	7	5	3	2	8	7	4	6	1	9
3	8	6	1	2	5	4	9	7						
4	5	2	7	9	8	3	1	6						
1	9	7	6	4	3	2	8	5						
5	7	3	9	8	4	6	2	1	5	3	8	7	9	4
2	4	8	3	1	6	7	5	9	4	6	1	8	3	2
9	6	1	5	7	2	8	4	3	7	2	9	6	5	1
						9	3	7	1	4	6	5	2	8
						1	8	4	3	5	2	9	7	6
						2	6	5	8	9	7	1	4	3
						4	1	6	2	7	5	3	8	9
						5	9	2	6	8	3	4	1	7
						3	7	8	9	1	4	2	6	5

NO. 1337

2	5	6	9	3	1	8	4	7																9	4	8	5	6	2	3	7	1
3	7	1	8	4	6	9	5	2																7	3	2	4	8	1	9	5	6
9	8	4	2	7	5	1	3	6																5	1	6	7	3	9	4	2	8
6	9	8	3	2	7	5	1	4																2	5	7	6	9	4	8	1	3
4	3	7	1	5	8	2	6	9																8	6	3	1	2	5	7	4	9
1	2	5	4	6	9	3	7	8																1	9	4	3	7	8	2	6	5
7	4	9	5	1	2	6	8	3	1	9	5	7	4	2				4	3	5	7	1	8	6	2	9	8	1	7	5	3	4
8	1	3	6	9	4	7	2	5	4	8	3	1	6	9				2	8	9	6	5	3	4	7	1	9	5	3	6	8	2
5	6	2	7	8	3	4	9	1	6	2	7	8	3	5				6	1	7	2	9	4	3	8	5	2	4	6	1	9	7
						2	3	8	9	6	1	4	5	7				5	7	8	9	3	1	2	4	6						
						1	5	6	3	7	4	2	9	8				9	4	3	8	2	6	5	1	7						
						9	7	4	2	5	8	3	1	6				1	6	2	5	4	7	8	9	3						
						3	6	9	8	1	2	5	7	4	8	1	2	3	9	6	1	8	2	7	5	4						
						5	1	2	7	4	9	6	8	3	9	5	4	7	2	1	4	6	5	9	3	8						
						8	4	7	5	3	6	9	2	1	6	3	7	8	5	4	3	7	9	1	6	2						
												3	6	2	5	9	8	1	4	7												
												1	5	7	4	2	3	6	8	9												
												4	9	8	7	6	1	2	3	5												
						7	1	9	4	6	8	2	3	5	1	4	6	9	7	8	1	6	5	3	2	4						
						8	2	5	3	9	1	7	4	6	2	8	9	5	1	3	4	2	8	6	9	7						
						3	4	6	7	2	5	8	1	9	3	7	5	4	6	2	3	7	9	1	5	8						
						9	5	4	6	1	2	3	7	8				8	3	7	6	1	2	9	4	5						
						2	3	1	5	8	7	9	6	4				2	9	1	7	5	4	8	6	3						
						6	8	7	9	3	4	5	2	1				6	5	4	8	9	3	2	7	1						
4	9	7	1	2	3	5	6	8	2	4	3	1	9	7				7	4	6	2	8	1	5	3	9	2	6	1	8	7	4
8	2	5	6	4	7	1	9	3	8	7	6	4	5	2				3	8	9	5	4	6	7	1	2	8	9	4	6	5	3
6	1	3	8	9	5	4	7	2	1	5	9	6	8	3				1	2	5	9	3	7	4	8	6	5	3	7	2	1	9
2	3	4	5	7	9	8	1	6																9	5	1	6	2	3	4	8	7
7	8	1	3	6	2	9	5	4																6	2	3	4	7	8	1	9	5
5	6	9	4	8	1	3	2	7																8	7	4	1	5	9	3	6	2
3	5	6	7	1	8	2	4	9																1	9	8	7	4	2	5	3	6
9	4	8	2	5	6	7	3	1																2	6	7	3	1	5	9	4	8
1	7	2	9	3	4	6	8	5																3	4	5	9	8	6	7	2	1

NO. 1338

8	7	4	3	5	2	1	6	9																2	6	1	4	8	7	3	9	5
3	9	5	8	6	1	2	7	4																9	5	4	3	1	6	8	7	2
6	1	2	7	9	4	3	5	8																7	3	8	2	5	9	1	4	6
1	2	8	9	4	5	7	3	6																4	7	9	6	2	8	5	3	1
9	5	6	1	7	3	4	8	2																1	8	5	7	4	3	2	6	9
7	4	3	2	8	6	5	9	1																3	2	6	1	9	5	7	8	4
2	6	9	4	3	7	8	1	5	7	2	3	9	6	4				6	5	7	1	3	9	8	4	2	9	3	1	6	5	7
5	3	1	6	2	8	9	4	7	5	1	6	3	8	2				4	1	2	5	7	8	6	9	3	5	7	2	4	1	8
4	8	7	5	1	9	6	2	3	9	4	8	1	5	7				8	3	9	6	2	4	5	1	7	8	1	4	9	2	3
						4	5	1	3	8	2	6	7	9				7	9	1	3	5	2	4	6	8						
						3	7	8	6	9	5	4	2	1				2	6	5	8	4	1	7	3	9						
						2	9	6	1	7	4	5	3	8				3	8	4	9	6	7	1	2	5						
						5	8	2	4	3	1	7	9	6	1	3	4	5	2	8	4	1	3	9	7	6						
						7	3	4	2	6	9	8	1	5	2	7	6	9	4	3	7	8	6	2	5	1						
						1	6	9	8	5	7	2	4	3	8	5	9	1	7	6	2	9	5	3	8	4						
												5	8	4	7	2	1	3	6	9												
												3	7	9	6	4	5	8	1	2												
												6	2	1	9	8	3	4	5	7												
						9	3	2	1	8	6	4	5	7	3	6	8	2	9	1	7	8	3	5	4	6						
						1	4	7	3	2	5	9	6	8	4	1	2	7	3	5	1	4	6	8	2	9						
						5	6	8	7	4	9	1	3	2	5	9	7	6	8	4	2	9	5	3	7	1						
						2	7	6	4	3	8	5	9	1				1	5	9	4	3	8	2	6	7						
						4	5	3	9	1	7	2	8	6				4	2	3	6	7	9	1	8	5						
						8	1	9	6	5	2	7	4	3				8	7	6	5	2	1	4	9	3						
9	2	6	5	4	3	7	8	1	5	6	4	3	2	9				9	6	8	3	1	4	7	5	2	3	8	4	6	9	1
7	4	1	9	6	8	3	2	5	8	9	1	6	7	4				5	1	2	8	6	7	9	3	4	6	2	1	5	7	8
5	3	8	7	2	1	6	9	4	2	7	3	8	1	5				3	4	7	9	5	2	6	1	8	9	5	7	2	3	4
6	5	4	2	9	7	1	3	8																2	7	3	5	4	8	9	1	6
3	1	9	4	8	5	2	7	6																8	4	5	1	9	6	7	2	3
2	8	7	3	1	6	5	4	9																1	9	6	2	7	3	4	8	5
8	7	5	1	3	9	4	6	2																3	2	1	4	6	9	8	5	7
1	6	2	8	7	4	9	5	3																4	8	9	7	3	5	1	6	2
4	9	3	6	5	2	8	1	7																5	6	7	8	1	2	3	4	9

NO. 1339

7	6	3	1	4	2	9	5	8																1	5	9	6	7	3	2	8	4
2	8	4	9	5	7	1	6	3																8	4	3	5	9	2	7	6	1
5	9	1	3	8	6	2	4	7																6	2	7	8	4	1	9	3	5
9	1	7	4	3	8	6	2	5																3	6	8	7	1	5	4	2	9
8	4	5	2	6	9	3	7	1																9	7	4	2	3	6	1	5	8
6	3	2	5	7	1	4	8	9																2	1	5	4	8	9	6	7	3
1	5	8	6	2	3	7	9	4	2	1	6	8	5	3				5	4	6	8	2	9	7	3	1	9	2	8	5	4	6
4	2	9	7	1	5	8	3	6	5	9	4	2	7	1				3	9	1	7	6	4	5	8	2	1	6	4	3	9	7
3	7	6	8	9	4	5	1	2	7	3	8	9	4	6				7	2	8	3	1	5	4	9	6	3	9	7	8	1	2
						3	4	9	1	7	2	5	6	8				6	8	9	1	4	2	3	5	7						
						2	6	7	4	8	5	3	1	9				1	5	4	9	3	7	6	2	8						
						1	8	5	3	6	9	4	2	7				2	7	1	6	5	8	9	1	4						
						4	7	1	9	2	3	6	8	5	3	2	9	4	1	7	2	9	3	8	6	5						
						6	2	3	8	5	1	7	9	4	5	6	1	8	3	2	5	7	6	1	4	9						
						9	5	8	6	4	7	1	3	2	8	4	7	9	6	5	4	8	1	2	7	3						
												4	7	3	9	1	6	2	5	8												
												2	6	8	4	3	5	7	9	1												
												5	1	9	2	7	8	3	4	6												
						8	2	1	5	7	9	3	4	6	7	5	2	1	8	9	2	7	6	4	3	5						
						9	3	6	4	1	2	8	5	7	1	9	3	6	2	4	5	3	9	7	1	8						
						4	5	7	8	3	6	9	2	1	6	8	4	5	7	3	4	8	1	2	6	9						
						1	6	5	7	2	3	4	8	9				9	4	8	7	2	3	1	5	6						
						3	4	2	6	9	8	1	7	5				3	1	2	8	6	5	9	7	4						
						7	9	8	1	4	5	6	3	2				7	6	5	9	1	4	3	8	2						
8	1	5	2	3	4	6	7	9	3	5	4	2	1	8				8	5	7	3	9	2	6	4	1	3	7	2	5	8	9
6	3	9	7	5	8	2	1	4	9	8	7	5	6	3				4	9	1	6	5	7	8	2	3	9	1	5	4	6	7
4	2	7	9	1	6	5	8	3	2	6	1	7	9	4				2	3	6	1	4	8	5	9	7	6	4	8	1	2	3
5	4	3	6	8	1	9	2	7																1	6	2	7	3	4	8	9	5
2	9	8	4	7	3	1	6	5																7	3	4	5	8	9	6	1	2
1	7	6	5	9	2	4	3	8																9	8	5	2	6	1	3	7	4
7	6	4	8	2	9	3	5	1																2	1	9	8	5	3	7	4	6
9	5	1	3	6	7	8	4	2																3	7	8	4	2	6	9	5	1
3	8	2	1	4	5	7	9	6																4	5	6	1	9	7	2	3	8

NO. 1340

6	3	2	8	1	4	5	7	9																4	5	2	8	3	6	1	9	7
5	1	8	7	6	9	3	4	2																8	3	6	7	9	1	2	5	4
4	9	7	5	2	3	8	1	6																7	1	9	4	5	2	8	6	3
7	5	6	9	4	2	1	8	3																9	8	7	2	1	4	5	3	6
9	8	1	3	7	5	2	6	4																1	2	3	5	6	9	4	7	8
2	4	3	1	8	6	7	9	5																5	6	4	3	8	7	9	1	2
1	2	5	4	9	8	6	3	7	2	4	8	5	1	9				1	7	5	4	3	2	6	9	8	1	2	3	7	4	5
3	7	4	6	5	1	9	2	8	7	5	1	6	4	3				6	3	8	5	7	9	2	4	1	6	7	5	3	8	9
8	6	9	2	3	7	4	5	1	6	3	9	8	7	2				9	4	2	1	8	6	3	7	5	9	4	8	6	2	1
						3	1	4	8	7	2	9	5	6				7	9	1	2	5	4	8	6	3						
						7	9	6	3	1	5	4	2	8				5	6	3	8	9	7	4	1	2						
						2	8	5	4	9	6	7	3	1				8	2	4	3	6	1	9	5	7						
						8	6	3	5	2	7	1	9	4	5	3	6	2	8	7	6	4	5	1	3	9						
						1	7	2	9	8	4	3	6	5	8	7	2	4	1	9	7	2	3	5	8	6						
						5	4	9	1	6	3	2	8	7	4	9	1	3	5	6	9	1	8	7	2	4						
												7	2	8	1	5	3	9	6	4												
												9	1	6	2	4	8	5	7	3												
												5	4	3	7	6	9	8	2	1												
						3	5	9	1	4	8	6	7	2	3	8	4	1	9	5	7	2	3	8	4	6						
						4	1	6	5	2	7	8	3	9	6	1	5	7	4	2	9	6	8	3	1	5						
						7	2	8	9	3	6	4	5	1	9	2	7	6	3	8	1	5	2	9	2	7						
						2	7	4	8	9	1	5	6	3				5	6	3	2	1	7	4	8	9						
						5	6	1	3	7	2	9	4	8				9	8	1	5	4	6	2	7	3						
						9	8	3	4	6	5	2	1	7				2	7	4	3	8	9	6	5	1						
2	8	1	3	4	5	6	9	7	2	1	4	3	8	5				3	2	9	4	7	1	5	6	8	2	9	7	4	1	3
7	4	9	2	8	6	1	3	5	6	8	9	7	2	4				8	5	7	6	3	2	1	9	4	6	5	3	7	8	2
3	5	6	1	9	7	8	4	2	7	5	3	1	9	6				4	1	6	8	9	5	7	3	2	1	4	8	9	5	6
8	6	3	9	5	2	7	1	4																4	2	1	7	6	9	8	3	5
4	9	7	6	3	1	5	2	8																6	7	3	8	1	5	2	4	9
5	1	2	4	7	8	9	6	3																8	5	9	4	3	2	6	7	1
9	7	4	8	1	3	2	5	6																9	4	6	3	8	1	5	2	7
1	2	8	5	6	4	3	7	9																2	1	5	9	7	4	3	6	8
6	3	5	7	2	9	4	8	1																3	8	7	5	2	6	1	9	4

NO. 1341

3	4	2	5	7	1	8	6	9				2	3	7	8	6	1	4	9	5
8	5	1	9	6	4	3	2	7				4	8	6	9	5	2	1	7	3
9	6	7	3	2	8	5	1	4				5	1	9	3	4	7	2	8	6
5	2	8	4	9	7	1	3	6				6	4	8	7	1	5	3	2	9
6	1	9	8	3	2	4	7	5				9	5	1	2	3	6	7	4	8
4	7	3	6	1	5	9	8	2				7	2	3	4	8	9	5	6	1
7	3	6	1	4	9	2	5	8	3	6	9	1	7	4	5	9	8	6	3	2
1	8	4	2	5	6	7	9	3	5	4	1	8	6	2	1	7	3	9	5	4
2	9	5	7	8	3	6	4	1	7	2	8	3	9	5	6	2	4	8	1	7
						5	3	9	8	7	6	2	4	1						
						8	1	7	4	9	2	5	3	6						
						4	2	6	1	3	5	7	8	9						
7	8	9	4	1	2	3	6	5	2	8	4	9	1	7	4	6	3	8	2	5
5	2	6	3	7	9	1	8	4	9	5	7	6	2	3	8	7	5	1	9	4
4	3	1	6	8	5	9	7	2	6	1	3	4	5	8	2	1	9	6	7	3
2	6	4	1	5	7	8	3	9				7	3	1	5	9	8	2	4	6
1	9	8	2	6	3	4	5	7				8	9	4	6	2	7	3	5	1
3	7	5	8	9	4	6	2	1				2	6	5	1	3	4	9	8	7
6	1	2	5	4	8	7	9	3	2	4	1	5	8	6	9	4	1	7	3	2
8	5	7	9	3	1	2	4	6	5	3	8	1	7	9	3	5	2	4	6	8
9	4	3	7	2	6	5	1	8	7	6	9	3	4	2	7	8	6	5	1	9
						9	6	2	4	1	3	7	5	8						
						1	5	7	6	8	2	9	3	4						
						8	3	4	9	7	5	6	2	1						
1	7	8	3	4	9	6	2	5	3	9	4	8	1	7	3	2	6	5	9	4
4	2	6	7	1	5	3	8	9	1	2	7	4	6	5	8	9	1	2	7	3
3	9	5	6	2	8	4	7	1	8	5	6	2	9	3	4	7	5	8	6	1
9	5	3	2	7	4	8	1	6				3	2	6	7	5	8	4	1	9
8	6	2	5	3	1	7	9	4				5	7	4	9	1	3	6	8	2
7	1	4	8	9	6	5	3	2				1	8	9	2	6	4	7	3	5
2	3	1	4	5	7	9	6	8	3	2	5	7	4	1	6	3	2	9	5	8
5	8	7	9	6	2	1	4	3	7	8	6	9	5	2	1	8	7	3	4	6
6	4	9	1	8	3	2	5	7	1	9	4	6	3	8	5	4	9	1	2	7
						5	2	9	8	4	3	1	6	7						
						3	1	6	2	5	7	8	9	4						
						7	8	4	9	6	1	5	2	3						
3	1	5	7	6	8	4	9	2	5	1	8	3	7	6	2	1	9	8	5	4
9	8	7	4	2	5	6	3	1	4	7	9	2	8	5	7	6	4	1	9	3
4	2	6	9	3	1	8	7	5	6	3	2	4	1	9	3	5	8	2	6	7
7	5	2	1	4	6	3	8	9				1	6	2	4	3	7	5	8	9
6	4	3	8	9	2	1	5	7				9	5	7	1	8	6	4	3	2
8	9	1	5	7	3	2	4	6				8	4	3	5	9	2	7	1	6
5	3	8	6	1	7	9	2	4				5	9	4	6	7	1	3	2	8
1	7	9	2	8	4	5	6	3				6	2	1	8	4	3	9	7	5
2	6	4	3	5	9	7	1	8				7	3	8	9	2	5	6	4	1

NO. 1342

6	8	2	4	5	3	9	7	1				3	4	8	5	1	6	9	7	2
1	7	5	9	6	2	4	3	8				5	9	7	2	8	4	1	6	3
4	3	9	1	7	8	6	2	5				6	2	1	3	9	7	4	5	8
5	1	8	6	3	9	2	4	7				7	5	9	4	3	1	8	2	6
9	4	3	7	2	1	5	8	6				1	6	2	8	5	9	3	4	7
7	2	6	5	8	4	1	9	3				8	3	4	6	7	2	5	9	1
2	5	1	8	4	7	3	6	9	4	7	1	2	8	5	7	4	3	6	1	9
3	6	7	2	9	5	8	1	4	6	5	2	9	7	3	1	6	5	2	8	4
8	9	4	3	1	6	7	5	2	8	3	9	4	1	6	9	2	8	7	3	5
						6	4	1	9	8	7	3	5	2						
						9	2	8	5	1	3	6	4	7						
						5	3	7	2	4	6	8	9	1						
8	9	1	5	2	3	4	7	6	3	9	5	1	2	8	5	7	4	9	3	6
6	3	7	4	8	1	2	9	5	1	6	8	7	3	4	9	8	6	2	1	5
5	4	2	7	9	6	1	8	3	7	2	4	5	6	9	3	2	1	7	8	4
3	7	5	2	6	8	9	4	1				8	4	2	6	1	9	3	5	7
2	1	9	3	7	4	5	6	8				9	1	5	7	3	8	4	6	2
4	8	6	9	1	5	7	3	2				3	7	6	2	4	5	1	9	8
7	2	3	6	5	9	8	1	4	3	5	2	6	9	7	1	5	2	8	4	3
9	6	8	1	4	2	3	5	7	6	4	9	2	8	1	4	6	3	5	7	9
1	5	4	8	3	7	6	2	9	8	7	1	4	5	3	8	9	7	6	2	1
						1	7	3	5	2	4	8	6	9						
						2	6	8	7	9	3	1	4	5						
						9	4	5	1	8	6	7	3	2						
2	8	9	4	5	1	7	3	6	4	1	5	9	2	8	4	3	7	6	1	5
5	3	7	8	2	6	4	9	1	2	3	8	5	7	6	9	1	2	3	8	4
4	1	6	7	3	9	5	8	2	9	6	7	3	1	4	5	8	6	9	7	2
1	6	4	3	8	5	9	2	7				4	3	7	8	6	9	5	2	1
9	7	3	6	4	2	8	1	5				6	8	5	1	2	4	7	9	3
8	2	5	9	1	7	6	4	3				2	9	1	3	7	5	8	4	6
3	4	2	5	6	8	1	7	9	4	3	6	8	5	2	7	4	3	1	6	9
6	9	8	1	7	3	2	5	4	8	9	7	1	6	3	2	9	8	4	5	7
7	5	1	2	9	4	3	6	8	2	1	5	7	4	9	6	5	1	2	3	8
						6	3	1	9	5	4	2	7	8						
						4	2	7	3	6	8	9	1	5						
						8	9	5	1	7	2	6	3	4						
4	2	6	8	7	9	5	1	3	6	2	9	4	8	7	3	2	1	9	6	5
1	9	8	5	3	6	7	4	2	5	8	1	3	9	6	8	7	5	2	1	4
5	3	7	1	4	2	9	8	6	7	4	3	5	2	1	4	6	9	3	7	8
8	6	3	2	5	7	4	9	1				2	7	3	5	4	8	6	9	1
7	5	4	9	1	3	2	6	8				1	6	8	2	9	7	5	4	3
9	1	2	6	8	4	3	5	7				9	5	4	6	1	3	8	2	7
6	4	9	7	2	8	1	3	5				6	1	5	7	8	2	4	3	9
2	8	1	3	9	5	6	7	4				7	3	2	9	5	4	1	8	6
3	7	5	4	6	1	8	2	9				8	4	9	1	3	6	7	5	2

NO. 1343

8	3	2	1	5	4	6	9	7				2	7	3	4	5	8	9	6	1
6	9	5	8	3	7	2	1	4				9	4	5	6	1	2	7	8	3
7	4	1	6	2	9	3	5	8				8	6	1	9	3	7	5	4	2
1	7	3	2	8	6	5	4	9				6	1	8	2	7	4	3	9	5
2	8	9	5	4	1	7	3	6				7	3	2	5	6	9	4	1	8
5	6	4	7	9	3	1	8	2				4	5	9	1	8	3	6	2	7
9	5	8	3	6	2	4	7	1	5	8	2	3	9	6	7	2	1	8	5	4
3	1	6	4	7	8	9	2	5	7	6	3	1	8	4	3	9	5	2	7	6
4	2	7	9	1	5	8	6	3	9	4	1	5	2	7	8	4	6	1	3	9
						1	3	9	6	2	4	7	5	8						
						6	4	8	3	5	7	9	1	2						
						7	5	2	1	9	8	4	6	3						
9	1	2	6	3	4	5	8	7	4	1	6	2	3	9	6	8	5	1	4	7
7	4	8	5	9	2	3	1	6	2	7	9	8	4	5	1	9	7	3	2	6
6	5	3	8	1	7	2	9	4	8	3	5	6	7	1	4	3	2	8	9	5
4	8	6	3	7	9	1	5	2				9	5	3	7	2	1	4	6	8
3	2	1	4	8	5	6	7	9				1	2	6	8	4	9	5	7	3
5	9	7	1	2	6	8	4	3				4	8	7	3	5	6	2	1	9
8	3	4	7	6	1	9	2	5	4	6	3	7	1	8	2	6	3	9	5	4
1	7	9	2	5	3	4	6	8	7	5	1	3	9	2	5	7	4	6	8	1
2	6	5	9	4	8	7	3	1	9	8	2	5	6	4	9	1	8	7	3	2
						3	7	9	8	1	4	2	5	6						
						1	5	6	2	9	7	8	4	3						
						2	8	4	6	3	5	9	7	1						
3	9	1	5	6	2	8	4	7	5	2	6	1	3	9	5	4	8	7	2	6
6	4	8	9	3	7	5	1	2	3	4	9	6	8	7	1	2	3	4	9	5
5	2	7	8	4	1	6	9	3	1	7	8	4	2	5	6	9	7	1	8	3
2	7	5	4	9	6	1	3	8				5	4	8	9	7	1	6	3	2
1	8	4	7	5	3	9	2	6				7	9	6	2	3	5	8	1	4
9	3	6	1	2	8	7	5	4				3	1	2	4	8	6	9	5	7
4	5	3	6	7	9	2	8	1	5	4	7	9	6	3	8	5	4	2	7	1
7	1	9	2	8	4	3	6	5	9	1	8	2	7	4	3	1	9	5	6	8
8	6	2	3	1	5	4	7	9	3	2	6	8	5	1	7	6	2	3	4	9
						5	3	8	4	7	9	1	2	6						
						9	1	6	2	8	3	7	4	5						
						7	4	2	1	6	5	3	8	9						
5	3	7	9	8	1	6	2	4	7	3	1	5	9	8	4	3	2	1	7	6
2	1	9	6	4	7	8	5	3	6	9	2	4	1	7	9	8	6	3	2	5
6	4	8	2	5	3	1	9	7	8	5	4	6	3	2	5	7	1	4	8	9
9	7	4	3	6	8	5	1	2				3	8	4	6	5	9	7	1	2
8	6	5	1	2	4	3	7	9				2	7	9	3	1	8	6	5	4
1	2	3	7	9	5	4	6	8				1	6	5	7	2	4	9	3	8
7	5	1	8	3	9	2	4	6				7	2	6	8	9	3	5	4	1
3	9	2	4	1	6	7	8	5				8	4	3	1	6	5	2	9	7
4	8	6	5	7	2	9	3	1				9	5	1	2	4	7	8	6	3

NO. 1344

4	5	3	6	8	2	9	7	1				3	4	8	9	7	2	5	1	6
1	7	8	4	3	9	6	2	5				6	2	1	4	5	8	3	9	7
9	6	2	1	7	5	4	3	8				5	9	7	1	6	3	2	8	4
6	3	9	5	1	8	2	4	7				7	5	9	8	2	6	4	3	1
5	8	4	7	2	6	1	9	3				8	3	4	5	9	1	6	7	2
7	2	1	9	4	3	5	8	6				1	6	2	3	4	7	8	5	9
8	4	7	2	5	1	3	6	9	4	7	1	2	8	5	6	1	9	7	4	3
2	9	5	3	6	7	8	1	4	6	5	2	9	7	3	2	8	4	1	6	5
3	1	6	8	9	4	7	5	2	8	3	9	4	1	6	7	3	5	9	2	8
						6	4	1	9	8	7	3	5	2						
						5	3	7	2	4	6	8	9	1						
						9	2	8	5	1	3	6	4	7						
8	9	1	5	2	3	4	7	6	3	9	5	1	2	8	5	7	4	9	3	6
6	3	7	4	8	1	2	9	5	1	6	8	7	3	4	9	8	6	2	1	5
5	4	2	7	9	6	1	8	3	7	2	4	5	6	9	3	2	1	7	8	4
3	7	5	2	6	8	9	4	1				8	4	2	6	1	9	3	5	7
2	1	9	3	7	4	5	6	8				9	1	5	7	3	8	4	6	2
4	8	6	9	1	5	7	3	2				3	7	6	2	4	5	1	9	8
7	2	3	6	5	9	8	1	4	3	5	2	6	9	7	1	5	2	8	4	3
9	6	8	1	4	2	3	5	7	6	4	9	2	8	1	4	6	3	5	7	9
1	5	4	8	3	7	6	2	9	8	7	1	4	5	3	8	9	7	6	2	1
						1	7	3	5	2	4	8	6	9						
						9	4	5	1	8	6	7	3	2						
						2	6	8	7	9	3	1	4	5						
2	8	9	4	5	1	7	3	6	4	1	5	9	2	8	4	3	7	6	1	5
5	3	7	8	2	6	4	9	1	2	3	8	5	7	6	9	1	2	3	8	4
4	1	6	7	3	9	5	8	2	9	6	7	3	1	4	5	8	6	9	7	2
1	6	4	3	8	5	9	2	7				4	3	7	8	6	9	5	2	1
9	7	3	6	4	2	8	1	5				6	8	5	1	2	4	7	9	3
8	2	5	9	1	7	6	4	3				2	9	1	3	7	5	8	4	6
3	4	2	5	6	8	1	7	9	4	3	6	8	5	2	7	4	3	1	6	9
6	9	8	1	7	3	2	5	4	8	9	7	1	6	3	2	9	8	4	5	7
7	5	1	2	9	4	3	6	8	2	1	5	7	4	9	6	5	1	2	3	8
						6	3	1	9	5	4	2	7	8						
						8	9	5	1	7	2	6	3	4						
						4	2	7	3	6	8	9	1	5						
4	2	6	8	7	9	5	1	3	6	2	9	4	8	7	3	2	1	9	6	5
1	9	8	5	3	6	7	4	2	5	8	1	3	9	6	8	7	5	2	1	4
5	3	7	1	4	2	9	8	6	7	4	3	5	2	1	4	6	9	3	7	8
8	6	3	2	5	7	4	9	1				2	7	3	5	4	8	6	9	1
7	5	4	9	1	3	2	6	8				1	6	8	2	9	7	5	4	3
9	1	2	6	8	4	3	5	7				9	5	4	6	1	3	8	2	7
6	4	9	7	2	8	1	3	5				6	1	5	7	8	2	4	3	9
2	8	1	3	9	5	6	7	4				7	3	2	9	5	4	1	8	6
3	7	5	4	6	1	8	2	9				8	4	9	1	3	6	7	5	2

NO. 1345

7	9	3	5	6	4	1	8	2				4	5	9	6	2	7	1	8	3
5	4	1	2	8	9	7	3	6				7	3	2	4	1	8	5	6	9
2	8	6	1	7	3	5	4	9				6	1	8	3	9	5	2	7	4
6	2	9	7	4	1	3	5	8				8	6	1	5	4	2	9	3	7
8	3	7	6	9	5	2	1	4				9	4	5	7	8	3	6	1	2
1	5	4	8	3	2	6	9	7				2	7	3	9	6	1	4	5	8
3	6	2	9	5	8	4	7	1	5	8	2	3	9	6	8	5	4	7	2	1
4	7	8	3	1	6	9	2	5	7	6	3	1	8	4	2	7	6	3	9	5
9	1	5	4	2	7	8	6	3	9	4	1	5	2	7	1	3	9	8	4	6
						7	5	2	1	9	8	4	6	3						
						6	4	8	3	5	7	9	1	2						
						1	3	9	6	2	4	7	5	8						
6	3	4	9	1	2	5	8	7	4	1	6	2	3	9	1	4	7	6	8	5
5	9	2	7	4	8	3	1	6	2	7	9	8	4	5	3	2	6	1	9	7
8	1	7	6	5	3	2	9	4	8	3	5	6	7	1	8	9	5	4	3	2
3	7	9	4	8	6	1	5	2				9	5	3	4	6	8	7	2	1
4	8	5	3	2	1	6	7	9				1	2	6	5	7	3	8	4	9
1	2	6	5	9	7	8	4	3				4	8	7	2	1	9	3	5	6
7	6	1	8	3	4	9	2	5	4	6	3	7	1	8	9	5	4	2	6	3
2	5	3	1	7	9	4	6	8	7	5	1	3	9	2	6	8	1	5	7	4
9	4	8	2	6	5	7	3	1	9	8	2	5	6	4	7	3	2	9	1	8
						2	8	4	6	3	5	9	7	1						
						1	5	6	2	9	7	8	4	3						
						3	7	9	8	1	4	2	5	6						
5	6	2	3	9	1	8	4	7	5	2	6	1	3	9	7	2	6	5	4	8
9	3	7	6	4	8	5	1	2	3	4	9	6	8	7	4	9	5	1	2	3
8	4	1	5	2	7	6	9	3	1	7	8	4	2	5	1	8	3	6	9	7
4	9	6	2	7	5	1	3	8				5	4	8	6	3	2	9	7	1
7	5	3	1	8	4	9	2	6				7	9	6	8	1	4	2	3	5
1	2	8	9	3	6	7	5	4				3	1	2	9	5	7	4	8	6
6	7	9	4	5	3	2	8	1	5	4	7	9	6	3	2	7	1	8	5	4
2	8	4	7	1	9	3	6	5	9	1	8	2	7	4	5	6	8	3	1	9
3	1	5	8	6	2	4	7	9	3	2	6	8	5	1	3	4	9	7	6	2
						7	4	2	1	6	5	3	8	9						
						9	1	6	2	8	3	7	4	5						
						5	3	8	4	7	9	1	2	6						
9	8	1	5	3	7	6	2	4	7	3	1	5	9	8	1	7	6	4	3	2
6	4	7	2	1	9	8	5	3	6	9	2	4	1	7	3	2	5	9	8	6
2	5	3	6	4	8	1	9	7	8	5	4	6	3	2	4	8	9	5	7	1
3	6	8	9	7	4	5	1	2				3	8	4	7	1	2	6	5	9
1	2	4	8	6	5	3	7	9				2	7	9	6	5	4	3	1	8
7	9	5	1	2	3	4	6	8				1	6	5	9	3	8	7	2	4
8	3	9	7	5	1	2	4	6				7	2	6	5	4	1	8	9	3
4	1	6	3	9	2	7	8	5				8	4	3	2	9	7	1	6	5
5	7	2	4	8	6	9	3	1				9	5	1	8	6	3	2	4	7

NO. 1346

7	10	3	12	1	2	11	9	5	8	4	6
4	5	1	11	7	8	12	6	3	9	2	10
8	9	6	2	10	4	3	5	12	7	11	1
9	6	4	1	3	11	7	10	8	12	5	2
12	11	7	3	2	5	9	8	10	6	1	4
10	2	8	5	4	6	1	12	7	11	3	9
1	4	11	6	12	10	8	3	2	5	9	7
3	12	5	8	9	7	4	2	1	10	6	11
2	7	9	10	6	1	5	11	4	3	8	12
11	3	10	4	5	12	6	1	9	2	7	8
5	8	12	7	11	9	2	4	6	1	10	3
6	1	2	9	8	3	10	7	11	4	12	5

NO. 1347

1	4	11	6	12	10	8	3	2	5	9	7
3	12	5	8	9	7	4	2	1	10	6	11
2	7	9	10	6	1	5	11	4	3	8	12
11	3	10	4	5	12	6	1	9	2	7	8
5	8	12	7	11	9	2	4	6	1	10	3
6	1	2	9	8	3	10	7	11	4	12	5
4	5	1	11	7	8	12	6	3	9	2	10
8	9	6	2	10	4	3	5	12	7	11	1
7	10	3	12	1	2	11	9	5	8	4	6
9	6	4	1	3	11	7	10	8	12	5	2
12	11	7	3	2	5	9	8	10	6	1	4
10	2	8	5	4	6	1	12	7	11	3	9

NO. 1348

11	6	10	12	7	8	5	1	9	3	2	4
2	8	1	9	3	4	12	10	6	7	11	5
4	7	3	5	6	9	2	11	12	1	10	8
6	10	2	8	9	1	7	4	3	5	12	11
9	5	12	3	11	10	6	2	1	4	8	7
7	11	4	1	8	5	3	12	2	10	6	9
3	2	7	11	1	6	8	9	5	12	4	10
12	9	5	10	2	11	4	7	8	6	3	1
1	4	8	6	12	3	10	5	11	9	7	2
10	3	11	4	5	12	1	8	7	2	9	6
5	12	9	2	4	7	11	6	10	8	1	3
8	1	6	7	10	2	9	3	4	11	5	12

NO. 1349

12	10	8	3	1	4	11	6	2	5	9	7
9	7	4	2	3	12	5	8	1	10	6	11
6	1	5	11	2	7	9	10	4	3	8	12
5	12	6	1	11	3	10	4	9	2	7	8
11	9	2	4	5	8	12	7	6	1	10	3
8	3	10	7	6	1	2	9	11	4	12	5
7	8	12	6	4	5	1	11	3	9	2	10
10	4	3	5	8	9	6	2	12	7	11	1
1	2	11	9	7	10	3	12	5	8	4	6
3	11	7	10	9	6	4	1	8	12	5	2
2	5	9	8	12	11	7	3	10	6	1	4
4	6	1	12	10	2	8	5	7	11	3	9

NO. 1350

9	3	2	4	11	6	10	12	7	8	5	1
6	7	11	5	2	8	1	9	3	4	12	10
12	1	10	8	4	7	3	5	6	9	2	11
3	5	12	11	6	10	2	8	9	1	7	4
1	4	8	7	9	5	12	3	11	10	6	2
2	10	6	9	7	11	4	1	8	5	3	12
5	12	4	10	3	2	7	11	1	6	8	9
8	6	3	1	12	9	5	10	2	11	4	7
11	9	7	2	1	4	8	6	12	3	10	5
7	2	9	6	10	3	11	4	5	12	1	8
10	8	1	3	5	12	9	2	4	7	11	6
4	11	5	12	8	1	6	7	10	2	9	3

NO. 1351

1	2	11	9	7	10	3	12	5	8	4	6
7	8	12	6	4	5	1	11	3	9	2	10
10	4	3	5	8	9	6	2	12	7	11	1
3	11	7	10	9	6	4	1	8	12	5	2
2	5	9	8	12	11	7	3	10	6	1	4
4	6	1	12	10	2	8	5	7	11	3	9
12	10	8	3	1	4	11	6	2	5	9	7
9	7	4	2	3	12	5	8	1	10	6	11
6	1	5	11	2	7	9	10	4	3	8	12
5	12	6	1	11	3	10	4	9	2	7	8
11	9	2	4	5	8	12	7	6	1	10	3
8	3	10	7	6	1	2	9	11	4	12	5

NO. 1352

4	7	3	5	6	9	2	11	12	1	10	8
11	6	10	12	7	8	5	1	9	3	2	4
2	8	1	9	3	4	12	10	6	7	11	5
7	11	4	1	8	5	3	12	2	10	6	9
6	10	2	8	9	1	7	4	3	5	12	11
9	5	12	3	11	10	6	2	1	4	8	7
1	4	6	8	12	3	10	5	11	9	7	2
3	2	7	11	1	6	8	9	5	12	4	10
12	9	5	10	2	11	4	7	8	6	3	1
8	1	6	7	10	2	9	3	4	11	5	12
10	3	11	4	5	12	1	8	7	2	9	6
5	12	9	2	4	7	11	6	10	8	1	3

NO. 1353

12	1	10	8	4	7	3	5	6	9	2	11
9	3	2	4	11	6	10	12	7	8	5	1
6	7	11	5	2	8	1	9	3	4	12	10
2	10	6	9	7	11	4	1	8	5	3	12
3	5	12	11	6	10	2	8	9	1	7	4
1	4	8	7	9	5	12	3	11	10	6	2
11	9	7	2	1	4	6	8	12	3	10	5
5	12	4	10	3	2	7	11	1	6	8	9
8	6	3	1	12	9	5	10	2	11	4	7
4	11	5	12	8	1	6	7	10	2	9	3
7	2	9	6	10	3	11	4	5	12	1	8
10	8	1	3	5	12	9	2	4	7	11	6

NO. 1354

7	8	5	1	9	3	2	4	11	6	10	12
3	4	12	10	6	7	11	5	2	8	1	9
6	9	2	11	12	1	10	8	4	7	3	5
9	1	7	4	3	5	12	11	6	10	2	8
11	10	6	2	1	4	8	7	9	5	12	3
8	5	3	12	2	10	6	9	7	11	4	1
1	6	8	9	5	12	4	10	3	2	7	11
2	11	4	7	8	6	3	1	12	9	5	10
12	3	10	5	11	9	7	2	1	4	8	6
5	12	1	8	7	2	9	6	10	3	11	4
4	7	11	6	10	8	1	3	5	12	9	2
10	2	9	3	4	11	5	12	8	1	6	7

NO. 1355

7	10	3	12	5	8	4	6	1	2	11	9
4	5	1	11	3	9	2	10	7	8	12	6
8	9	6	2	12	7	11	1	10	4	3	5
9	6	4	1	8	12	5	2	3	11	7	10
12	11	7	3	10	6	1	4	2	5	9	8
10	2	8	5	7	11	3	9	4	6	1	12
1	4	11	6	2	5	9	7	12	10	8	3
3	12	5	8	1	10	6	11	9	7	4	2
2	7	9	10	4	3	8	12	6	1	5	11
11	3	10	4	9	2	7	8	5	12	6	1
5	8	12	7	6	1	10	3	11	9	2	4
6	1	2	9	11	4	12	5	8	3	10	7

NO. 1356

10	8	6	1	11	2	9	4	12	3	7	5
7	5	2	12	1	10	3	6	11	8	4	9
4	11	3	9	12	5	7	8	2	1	6	10
3	10	4	11	9	1	8	2	7	12	5	6
9	7	12	2	3	6	10	5	4	11	8	1
6	1	8	5	4	11	12	7	9	2	10	3
11	12	9	7	5	8	1	10	3	6	2	4
5	6	10	4	2	3	11	9	1	7	12	8
8	2	1	3	6	7	4	12	10	5	9	11
1	9	5	8	7	4	2	11	6	10	3	12
12	3	7	6	10	9	5	1	8	4	11	2
2	4	11	10	8	12	6	3	5	9	1	7

NO. 1357

1	6	8	9	5	12	4	10	3	2	7	11
2	11	4	7	8	6	3	1	12	9	5	10
12	3	10	5	11	9	7	2	1	4	8	6
5	12	1	8	7	2	9	6	10	3	11	4
4	7	11	6	10	8	1	3	5	12	9	2
10	2	9	3	4	11	5	12	8	1	6	7
7	8	5	1	9	3	2	4	11	6	10	12
3	4	12	10	6	7	11	5	2	8	1	9
6	9	2	11	12	1	10	8	4	7	3	5
9	1	7	4	3	5	12	11	6	10	2	8
11	10	6	2	1	4	8	7	9	5	12	3
8	5	3	12	2	10	6	9	7	11	4	1

NO. 1358

11	2	9	4	10	8	6	1	12	3	7	5
1	10	3	6	7	5	2	12	11	8	4	9
12	5	7	8	4	11	3	9	2	1	6	10
9	1	8	2	3	10	4	11	7	12	5	6
3	6	10	5	9	7	12	2	4	11	8	1
4	11	12	7	6	1	8	5	9	2	10	3
5	8	1	10	11	12	9	7	3	6	2	4
2	3	11	9	5	6	10	4	1	7	12	8
6	7	4	12	8	2	1	3	10	5	9	11
7	4	2	11	1	9	5	8	6	10	3	12
10	9	5	1	12	3	7	6	8	4	11	2
8	12	6	3	2	4	11	10	5	9	1	7

NO. 1359

5	8	4	6	7	10	3	12	1	2	11	9
3	9	2	10	4	5	1	11	7	8	12	6
12	7	11	1	8	9	6	2	10	4	3	5
8	12	5	2	9	6	4	1	3	11	7	10
10	6	1	4	12	11	7	3	2	5	9	8
7	11	3	9	10	2	8	5	4	6	1	12
2	5	9	7	1	4	11	6	12	10	8	3
1	10	6	11	3	12	5	8	9	7	4	2
4	3	8	12	2	7	9	10	6	1	5	11
9	2	7	8	11	3	10	4	5	12	6	1
6	1	10	3	5	8	12	7	11	9	2	4
11	4	12	5	6	1	2	9	8	3	10	7

NO. 1360

3	9	2	10	4	5	1	11	7	8	12	6
12	7	11	1	8	9	6	2	10	4	3	5
5	8	4	6	7	10	3	12	1	2	11	9
10	6	1	4	12	11	7	3	2	5	9	8
7	11	3	9	10	2	8	5	4	6	1	12
8	12	5	2	9	6	4	1	3	11	7	10
1	10	6	11	3	12	5	8	9	7	4	2
4	3	8	12	2	7	9	10	6	1	5	11
2	5	7	9	1	4	11	6	12	10	8	3
6	1	10	3	5	8	12	7	11	9	2	4
11	4	12	5	6	1	2	9	8	3	10	7
9	2	7	8	11	3	10	4	5	12	6	1

NO. 1361

12	5	7	8	4	11	3	9	2	1	6	10
1	10	3	6	7	5	2	12	11	8	4	9
11	2	9	4	10	8	6	1	12	3	7	5
4	11	12	7	6	1	8	5	9	2	10	3
3	6	10	5	9	7	12	2	4	11	8	1
9	1	8	2	3	10	4	11	7	12	5	6
6	7	4	12	8	2	1	3	10	5	9	11
2	3	11	9	5	6	10	4	1	7	12	8
5	8	1	10	11	12	9	7	3	6	2	4
8	12	6	3	2	4	11	10	5	9	1	7
10	9	5	1	12	3	7	6	8	4	11	2
7	4	2	11	1	9	5	8	6	10	3	12

NO. 1362

4	5	1	11	3	9	2	10	7	8	12	6
8	9	6	2	12	7	11	1	10	4	3	5
7	10	3	12	5	8	4	6	1	2	11	9
12	11	7	3	10	6	1	4	2	5	9	8
10	2	8	5	7	11	3	9	4	6	1	12
9	6	4	1	8	12	5	3	3	11	7	10
3	12	5	8	1	10	6	11	9	7	4	2
2	7	9	10	4	3	8	12	6	1	5	11
1	4	11	6	2	5	7	9	12	10	8	3
5	8	12	7	6	1	10	3	11	9	2	4
6	1	2	9	11	4	12	5	8	3	10	7
11	3	10	4	9	2	7	8	5	12	6	1

NO. 1363

12	3	10	5	11	9	7	2	1	4	8	6
2	11	4	7	8	6	3	1	12	9	5	10
1	6	8	9	5	12	4	10	3	2	7	11
10	2	9	3	4	11	5	12	8	1	6	7
4	7	11	6	10	8	1	3	5	12	9	2
5	12	1	8	7	2	9	6	10	3	11	4
6	9	2	11	12	1	10	8	4	7	3	5
3	4	12	10	6	7	11	5	2	8	1	9
7	8	5	1	9	3	2	4	11	6	10	12
8	5	3	12	2	10	6	9	7	11	4	1
11	10	6	2	1	4	8	7	9	5	12	3
9	1	7	4	3	5	12	11	6	10	2	8

NO. 1364

4	11	3	9	12	5	7	8	2	1	6	10
7	5	2	12	1	10	3	6	11	8	4	9
10	8	6	1	11	2	9	4	12	3	7	5
6	1	8	5	4	11	12	7	9	2	10	3
9	7	12	2	3	6	10	5	4	11	8	1
3	10	4	11	9	1	8	2	7	12	5	6
8	2	1	3	6	7	4	12	10	5	9	11
5	6	10	4	2	3	11	9	1	7	12	8
11	12	9	7	5	8	1	10	3	6	2	4
2	4	11	10	8	12	6	3	5	9	1	7
12	3	7	6	10	9	5	1	8	4	11	2
1	9	5	8	7	4	2	11	6	10	3	12

NO. 1365

11	9	7	2	12	3	10	5	1	4	8	6
8	6	3	1	2	11	4	7	12	9	5	10
5	12	4	10	1	6	8	9	3	2	7	11
4	11	5	12	10	2	9	3	8	1	6	7
10	8	1	3	4	7	11	6	5	12	9	2
7	2	9	6	5	12	1	8	10	3	11	4
12	1	10	8	6	9	2	11	4	7	3	5
6	7	11	5	3	4	12	10	2	8	1	9
9	3	2	4	7	8	5	1	11	6	10	12
2	10	6	9	8	5	3	12	7	11	4	1
1	4	8	7	11	10	6	2	9	5	12	3
3	5	12	11	9	1	7	4	6	10	2	8

NO. 1366

2	3	12	10	8	11	4	1	6	9	5	7
8	9	1	7	5	6	2	12	4	10	3	11
11	5	4	6	9	10	7	3	1	8	12	2
4	12	8	11	10	7	5	2	9	1	6	3
3	6	10	9	1	12	8	4	11	7	2	5
4	7	2	1	11	3	9	6	8	12	4	10
1	11	9	4	2	5	12	7	3	6	10	8
10	8	5	3	4	1	6	9	2	11	7	12
7	2	6	12	3	8	10	11	5	4	9	1
6	1	7	2	12	4	11	5	10	3	8	9
12	10	3	5	6	9	1	8	7	2	11	4
9	4	11	8	7	2	3	10	12	5	1	6

NO. 1367

1	11	9	4	2	5	12	7	3	6	10	8
10	8	5	3	4	1	6	9	2	11	7	12
7	2	6	12	3	8	10	11	5	4	9	1
5	1	7	2	12	4	11	5	10	3	8	9
12	10	3	5	6	9	1	8	7	2	11	4
9	4	11	8	7	2	3	10	12	5	1	6
8	9	1	7	5	6	2	12	4	10	3	11
11	5	4	6	9	10	7	3	1	8	12	2
2	3	12	10	8	11	4	1	6	9	5	7
4	12	8	11	10	7	5	2	9	1	6	3
3	6	10	9	1	12	8	4	11	7	2	5
5	7	2	1	11	3	9	6	8	12	4	10

NO. 1368

⑮	10	5	4	⑥	3	16	9	⑫	13	2	7	①	8	11	14
6	3	16	9	12	13	2	7	1	8	11	14	15	10	5	4
12	13	2	7	1	8	11	14	15	10	5	4	6	3	16	9
1	8	11	14	15	10	5	4	6	3	16	9	12	13	2	7
⑩	5	4	15	③	16	9	6	⑬	2	7	12	⑧	11	14	1
3	16	9	6	13	2	7	12	8	11	14	1	10	5	4	15
13	2	7	12	8	11	14	1	10	5	4	15	3	16	9	6
8	11	14	1	10	5	4	15	3	16	9	6	13	2	7	12
⑤	4	15	10	⑯	9	6	3	②	7	12	13	⑪	14	1	8
16	9	6	3	2	7	12	13	11	14	1	8	5	4	15	10
2	7	12	13	11	14	1	8	5	4	15	10	16	9	6	3
11	14	1	8	5	4	15	10	16	9	6	3	2	7	12	13
④	15	10	5	⑨	6	3	16	⑦	12	13	2	⑭	1	8	11
9	6	3	16	7	12	13	2	14	1	8	11	4	15	10	5
7	12	13	2	14	1	8	11	4	15	10	5	9	6	3	16
14	1	8	11	4	15	10	5	9	6	3	16	1	12	13	2

NO. 1369

2	7	12	13	16	9	6	3	5	4	15	10	11	14	1	8
11	14	1	8	2	7	12	13	16	9	6	3	5	4	15	10
5	4	15	10	11	14	1	8	2	7	12	13	16	9	6	3
16	9	6	3	5	4	15	10	11	14	1	8	2	7	12	13
7	12	13	2	9	6	3	16	4	15	10	5	14	1	8	11
14	1	8	11	7	12	13	2	9	6	3	16	4	15	10	5
4	15	10	5	14	1	8	11	7	12	13	2	9	6	3	16
9	6	3	16	4	15	10	5	14	1	8	11	7	12	13	2
12	13	2	7	6	3	16	9	15	10	5	4	1	8	11	14
1	8	11	14	12	13	2	7	6	3	16	9	15	10	5	4
15	10	5	4	1	8	11	14	12	13	2	7	6	3	16	9
6	3	16	9	15	10	5	4	1	8	11	14	12	13	2	7
13	2	7	12	3	16	9	6	10	5	4	15	8	11	14	1
8	11	14	1	13	2	7	12	3	16	9	6	10	5	4	15
10	5	4	15	8	11	14	1	13	2	7	12	3	16	9	6
3	16	9	6	10	5	4	15	8	11	14	1	13	2	7	12

NO. 1370

15	10	5	4	1	8	11	14	12	13	2	7	6	3	16	9
6	3	16	9	15	10	5	4	1	8	11	14	12	13	2	7
12	13	2	7	6	3	16	9	15	10	5	4	1	8	11	14
1	8	11	14	12	13	2	7	6	3	16	9	15	10	5	4
10	5	4	15	8	11	14	1	13	2	7	12	3	16	9	16
3	16	9	6	10	5	4	15	8	11	14	1	13	2	7	12
13	2	7	12	3	16	9	6	10	5	4	15	8	11	14	1
8	11	14	1	13	2	7	12	3	16	9	6	10	5	4	15
5	4	15	10	11	14	1	8	2	7	12	13	16	9	6	3
16	9	6	3	5	4	15	10	11	14	1	8	2	7	12	13
2	7	12	13	16	9	6	3	5	4	15	10	11	14	1	8
11	14	1	8	2	7	12	13	16	9	6	3	5	4	15	10
4	15	10	5	14	1	8	11	7	12	13	2	9	6	3	16
9	6	3	16	4	15	10	5	14	1	8	11	7	12	13	2
7	12	13	2	9	6	3	16	4	15	10	5	14	1	8	11
14	1	8	11	7	12	13	2	9	6	3	16	4	15	10	5

NO. 1371

⑪	14	1	8	②	7	12	13	⑯	9	6	3	⑤	4	15	10
5	4	15	10	11	14	1	8	2	7	12	13	16	9	6	3
16	9	6	3	5	4	15	10	11	14	1	8	2	7	12	13
2	7	12	13	16	9	6	3	5	4	15	10	11	14	1	8
⑭	1	8	11	⑦	12	13	2	⑨	6	3	16	④	15	10	5
4	15	10	5	14	1	8	11	7	12	13	2	9	6	3	16
9	6	3	16	4	15	10	5	14	1	8	11	7	12	13	2
7	12	13	2	9	6	3	16	4	15	10	5	14	1	8	11
①	8	11	14	⑫	13	2	7	⑥	3	16	9	⑮	10	5	4
15	10	5	4	1	8	11	14	12	13	2	7	6	3	16	9
6	3	16	9	15	10	5	4	1	8	11	14	12	13	2	7
12	13	2	7	6	3	16	9	15	10	5	4	1	8	11	14
⑧	11	14	1	⑬	2	7	12	③	16	9	6	⑩	5	4	15
10	5	4	15	8	11	14	1	13	2	7	12	3	16	9	6
3	16	9	6	10	5	4	15	8	11	14	1	13	2	7	12
13	2	7	13	3	16	9	6	10	5	4	15	8	11	14	1

NO. 1372

⑥	3	16	9	⑮	10	5	4	①	8	11	14	⑫	13	2	7
12	13	2	7	6	3	16	9	15	10	5	4	1	8	11	14
1	8	11	14	12	13	2	7	6	3	16	9	15	10	5	4
15	10	5	4	1	8	11	14	12	13	2	7	6	3	16	9
③	16	9	6	⑩	5	4	15	⑧	11	14	1	⑬	2	7	12
13	2	7	12	3	16	9	6	10	5	4	15	8	11	14	1
8	11	14	1	13	2	7	12	3	16	9	6	10	5	4	15
10	5	4	15	8	11	14	1	13	2	7	12	3	16	9	6
⑯	9	6	3	⑤	4	15	10	⑪	14	1	8	②	7	12	13
2	7	12	13	16	9	6	3	5	4	15	10	11	14	1	8
11	14	1	8	2	7	12	13	16	9	6	3	5	4	15	10
5	4	15	10	11	14	1	8	2	7	12	13	16	9	6	3
⑨	6	3	16	④	15	10	5	⑭	1	8	11	⑦	12	13	2
7	12	13	2	9	6	3	16	4	15	10	5	14	1	8	11
14	1	8	11	7	12	13	2	9	6	3	16	4	15	10	5
4	15	10	5	14	1	8	11	7	12	13	2	9	6	3	16

NO. 1373

⑤	4	15	10	⑪	14	1	8	②	7	12	13	⑯	9	6	3
16	9	6	3	5	4	15	10	11	14	1	8	2	7	12	13
2	7	12	13	16	9	6	3	5	4	15	10	11	14	1	8
11	14	1	8	2	7	12	13	16	9	6	3	5	4	15	104
④	15	10	5	⑭	1	8	11	⑦	12	13	2	⑨	6	3	16
9	6	3	16	4	15	10	5	14	1	8	11	7	12	13	2
7	12	13	2	9	6	3	16	4	15	10	5	14	1	8	11
14	1	8	11	7	12	13	2	9	6	3	16	4	15	10	5
⑮	10	5	4	①	8	11	14	⑫	13	2	7	⑥	3	16	9
6	3	16	9	15	10	5	4	1	8	11	14	12	13	2	7
12	13	2	7	6	3	16	9	15	10	5	4	1	8	11	14
1	8	11	14	12	13	2	7	6	3	16	9	15	10	5	4
⑩	5	4	15	⑧	11	14	1	⑬	2	7	12	③	16	9	6
3	16	9	6	10	5	4	15	8	11	14	1	13	2	7	12
13	2	7	12	3	16	9	6	10	5	4	15	8	11	14	1
8	11	14	1	13	2	7	12	3	16	9	6	10	5	4	15

NO. 1374

⑫	13	2	7	⑥	3	16	9	⑮	10	5	4	①	8	11	14
1	8	11	14	12	13	2	7	6	3	16	9	15	10	5	4
15	10	5	4	1	8	11	14	12	13	2	7	6	3	16	9
6	3	16	9	15	10	5	4	1	8	11	14	12	13	2	7
⑬	2	7	12	③	16	9	6	⑩	5	4	15	⑧	11	14	1
8	11	14	1	13	2	7	12	3	16	9	6	10	5	4	15
10	5	4	15	8	11	14	1	13	2	7	12	3	16	9	6
3	16	9	6	10	5	4	15	8	11	14	1	13	2	7	12
②	7	12	13	⑯	9	6	3	⑤	4	15	10	⑪	14	1	8
11	14	1	8	2	7	12	13	16	9	6	3	5	4	15	10
5	4	15	10	11	14	1	8	2	7	12	13	16	9	6	3
16	9	6	3	5	4	15	10	11	14	1	8	2	7	12	13
⑦	12	13	2	⑨	6	3	16	④	15	10	5	⑭	1	8	11
14	1	8	11	7	12	13	2	9	6	3	16	4	15	10	5
4	15	10	5	14	1	8	11	7	12	13	2	9	6	3	16
9	6	3	16	4	15	10	5	14	1	8	11	7	12	13	2

NO. 1375

⑤	4	15	10	⑯	9	6	3	②	7	12	13	⑪	14	1	8
16	9	6	3	2	7	12	13	11	14	1	8	5	4	15	10
2	7	12	13	11	14	1	8	5	4	15	10	16	9	6	3
11	14	1	8	5	4	15	10	16	9	6	3	2	7	12	13
④	15	10	5	⑨	6	3	16	⑦	12	13	2	⑭	1	8	11
9	6	3	16	7	12	13	2	14	1	8	11	4	15	10	5
7	12	13	2	14	1	8	11	4	15	10	5	9	6	3	16
14	1	8	11	4	15	10	5	9	6	3	16	7	12	13	2
⑮	10	5	4	⑥	3	16	9	⑫	13	2	7	①	8	11	14
6	3	16	9	12	13	2	7	1	8	11	14	15	10	5	4
12	13	2	7	1	8	11	14	15	10	5	4	6	3	16	9
1	8	11	14	15	10	5	4	6	3	16	9	12	13	2	7
⑩	5	4	15	③	16	9	6	⑬	2	7	12	⑧	11	14	1
3	16	9	6	13	2	7	12	8	11	14	1	10	5	4	15
13	2	7	12	8	11	14	1	10	5	4	15	3	16	9	6
8	11	14	1	10	5	4	15	3	16	9	6	13	2	7	12

NO. 1376

⑩	5	15	8	①	6	12	13	④	11	9	14	⑦	16	2	13
7	16	2	13	10	5	15	8	1	6	12	3	4	11	9	14
4	11	9	14	7	16	2	13	10	5	15	8	1	6	12	3
1	6	12	3	4	11	9	14	7	16	2	13	10	5	15	8
⑧	10	5	15	③	1	6	12	⑭	4	11	9	⑬	7	16	2
13	7	16	2	8	10	5	15	3	1	6	12	14	4	11	9
14	4	11	9	13	7	16	2	8	10	5	15	3	1	6	12
3	1	6	12	14	4	11	9	13	7	16	2	8	10	5	15
⑮	8	10	5	⑫	3	1	6	⑨	14	4	11	②	13	7	16
2	13	7	16	15	8	10	5	12	3	1	6	9	14	4	11
9	14	4	11	2	13	7	16	15	8	10	5	12	3	1	6
12	3	1	6	9	14	4	11	2	13	7	16	15	8	10	5
⑤	15	8	10	⑥	12	3	1	⑪	9	14	4	⑯	2	13	7
16	2	13	7	5	15	8	10	6	12	3	1	11	9	14	4
11	9	14	4	16	2	13	7	5	15	8	10	6	12	3	1
6	12	3	1	11	9	14	4	16	2	13	7	5	15	8	10

NO. 1377

⑭	4	11	9	⑬	7	16	2	⑧	10	5	15	③	1	6	12
3	1	6	12	14	4	11	9	13	7	16	2	8	10	5	15
8	10	5	15	3	1	6	12	14	4	11	9	13	7	16	2
13	7	16	2	8	10	5	15	3	1	6	12	14	4	11	9
⑨	14	4	11	②	13	7	16	⑮	8	10	5	⑫	3	1	6
12	3	1	6	9	14	4	11	2	13	7	16	15	8	10	5
15	8	10	5	12	3	1	6	9	14	4	11	2	13	7	16
2	13	7	16	15	8	10	5	12	3	1	6	9	14	4	11
⑪	9	14	4	⑯	2	13	7	⑤	15	8	10	⑥	12	3	1
6	12	3	1	11	9	14	4	16	2	13	7	5	15	8	10
5	15	8	10	6	12	3	1	11	9	14	4	16	2	13	7
16	2	13	7	5	15	8	10	6	12	3	1	11	9	14	4
④	11	9	14	⑦	16	2	13	⑩	5	15	8	①	6	12	3
1	6	12	3	4	11	9	14	7	16	2	13	10	5	15	8
10	5	15	8	1	6	12	3	4	11	9	14	7	16	2	13
7	16	2	13	10	5	15	8	1	6	12	3	4	11	9	14

NO. 1378

⑬	10	3	16	④	15	14	9	②	5	8	11	⑦	12	1	6
4	15	14	9	2	5	8	11	7	12	1	6	13	10	3	16
2	5	8	11	7	12	1	6	13	10	3	16	4	15	14	9
7	12	1	6	13	10	3	16	4	15	14	9	2	5	8	11
⑩	3	16	13	⑮	14	9	4	⑤	8	11	2	⑫	1	6	7
15	14	9	4	5	8	11	2	12	1	6	7	10	3	16	13
5	8	11	2	12	1	6	7	10	3	16	13	15	14	9	4
12	1	6	7	10	3	16	13	15	14	9	4	5	8	11	2
③	16	13	10	⑭	9	4	15	⑧	11	2	5	①	6	7	12
14	9	4	15	8	11	2	5	1	6	7	12	3	16	13	10
8	11	2	5	1	6	7	12	3	16	13	10	14	9	4	15
1	6	7	12	3	16	13	10	14	9	4	15	8	11	2	5
⑯	13	10	3	⑨	4	15	14	⑪	2	5	8	⑥	7	12	1
9	4	15	14	11	2	5	8	6	7	12	1	16	13	10	3
11	2	5	8	6	7	12	1	16	13	10	3	9	4	15	14
6	7	12	1	16	13	10	3	9	4	15	14	11	2	5	8

NO. 1379

①	6	7	12	③	16	13	10	⑭	9	4	15	⑧	11	2	5
3	16	13	10	14	9	4	15	8	11	2	5	1	6	7	12
14	9	4	15	8	11	2	5	1	6	7	12	3	16	13	10
8	11	2	5	1	6	7	12	3	16	13	10	14	9	4	15
⑥	7	12	1	⑯	13	10	3	⑨	4	15	14	⑪	2	5	8
16	13	10	3	9	4	15	14	11	2	5	8	6	7	12	1
9	4	15	14	11	2	5	8	6	7	12	1	16	13	10	3
11	2	5	8	6	7	12	1	16	13	10	3	9	4	15	14
⑦	12	1	6	⑬	10	3	16	④	15	14	9	②	5	8	11
13	10	3	16	4	15	14	9	2	5	8	11	7	12	1	6
4	15	14	9	2	5	8	11	7	12	1	6	13	10	3	16
2	5	8	11	7	12	1	6	13	10	3	16	4	15	14	9
⑫	1	6	7	⑩	3	16	13	⑮	14	9	4	⑤	8	11	2
10	3	16	13	15	14	9	4	5	8	11	2	12	1	6	7
15	14	9	4	5	8	11	2	12	1	6	7	10	3	16	13
5	8	11	2	12	1	6	7	10	3	16	13	15	14	9	4

NO. 1380

①	12	7	6	⑧	5	2	11	⑭	15	4	9	③	10	13	16
8	5	2	11	14	15	4	9	3	10	13	16	1	12	7	6
14	15	4	9	3	10	13	16	1	12	7	6	8	5	2	11
3	10	13	16	1	12	7	6	8	5	2	11	14	15	4	9
⑫	7	6	1	⑤	2	11	8	⑮	4	9	14	⑩	13	16	3
5	2	11	8	15	4	9	14	10	13	16	3	12	7	6	1
15	4	9	14	10	13	16	3	12	7	6	1	5	2	11	8
10	13	16	3	12	7	6	1	5	2	11	8	15	4	9	14
⑦	6	1	12	②	11	8	5	④	9	14	15	⑬	16	3	10
2	11	8	5	4	9	14	15	13	16	3	10	7	6	1	12
4	9	14	15	13	16	3	10	7	6	1	12	2	11	8	5
13	16	3	10	7	6	1	12	2	11	8	5	4	9	14	15
⑥	1	12	7	⑪	8	5	2	⑨	14	15	4	⑯	3	10	13
11	8	5	2	9	14	15	4	16	3	10	13	6	1	12	7
9	14	15	4	16	3	10	13	6	1	12	7	11	8	5	2
16	3	10	13	6	1	12	7	11	8	5	2	9	14	15	4